カタカナで引く 西洋料理単語帳

凡例 ······ p.2

本文 ······ p.4

索引 ······ p.146

柴田書店

この用語集を使う前に

1．見出し語について
　耳から入った音からつづりや意味を調べることができるように、アイウエオ順に並べてあります。ただし発音をどのようにカタカナに直すかは人それぞれですから、注意が必要です。また単語の初めや終わりは変化することがありますので、知りたい言葉が見出しに見当たらない場合、よく似た音も探してみて下さい。

2．言葉の意味について
　語句の説明は、現場で必要な最小限の知識にとどめてあります。もっと詳しい情報や用例を調べるためには、つづりをもとにあらためて各国語の辞典を引くことをおすすめします。

3．表記法について
通常の場合

見出し(発音)　つづり　国名　品詞

例1）**ブール** beurre　仏(男)　バター（＝ブッロ burro 伊）

　　　　　　　　　　　　　　　説明　別の国の言葉で言い換え

例2）シュエ→スュエ ← スュエを参照

（一部の単語で）語形変化で複数の発音がある場合

例1）**レジェ** léger　仏(形・男)〔レジェール légère　仏(形・女)〕軽い；薄い

　　　　　　　　　形容詞男性形　　　　　　形容詞女性形

例2）**ピッコロ(〜リ・複)** piccolo (〜li)　伊(形・男)〔ピッコラ(〜レ・複) piccola (〜le)　伊(形・女)〕小さい

男性形・複数形の発音とつづり(ピッコリpiccoli)　　意味
女性形・複数形の発音とつづり(ピッコレpiccole)

　＊イタリア語の名詞と形容詞はしばしば語尾の母音が変化するため、一般によく知られている発音が必ずしも標準の形でない場合があります。その場合は、広く知られているほうを見出し語に採用しています。

同じ発音でも違う意味がある場合や、違うつづりの単語の場合
例1）**ドゥミ** demi　仏(形)　二分の一の、半分の ← 意味その1
　　　　　　　　　 仏(男)　半分 ← 意味その2

例2）**ピケ①** pique　仏(形)　背脂やベーコンを刺した
　　　ピケ② piquer　仏(動)　背脂やベーコンを刺す

4．説明文の中の ", " " ; " について
「a,b」は「この単語はaという意味だが、bとも言い替え可能」という表示。
「a；b」は「この単語にはaとbの二つの意味がある」という表示。

5．品詞の略号について
(男)：男性名詞　(女)：女性名詞
(単)：単数形　(複)：複数形
(名)：名詞（男性形と女性形が同じ形の名詞）
(不変)：男性・女性、単数形・複数形で語形変化のないもの
(固)：固有名詞
(句)：よく見られるフレーズ
(形)：形容詞
(動)：動詞
　＊ただし、名詞と形容詞には略号を組み合わせている場合もあります
〈例〉(男・複)：名詞の男性複数形
　　　(形・男)：形容詞の男性形

6．国名の略号について
仏：フランス語
伊：イタリア語
英：英語
西：スペイン語
独：ドイツ語
露：ロシア語
日：カタカナ日本語

ア

アーティチョーク artichoke 英(名) チョウセンアザミ (=**アルティショー** artichaut 仏／**カルチョーフォ** carciofo 伊)

アーリオ aglio 伊(男・単)〔**アーリ** agli 伊(男・複)〕ニンニク (=**アイユ** ail 仏)

アイユ ail 仏(男) ニンニク (=**アーリオ** aglio 伊)

アイヨリ ailloli (または aïoli) 仏(男) ニンニク、卵黄、オリーブ油、レモン汁を撹拌して作ったソース

アヴァン デセール avant dessert 仏(句) 二品構成のデザートの場合に初めに提供する軽いタイプのデザート

アヴォカ avocat 仏(男) アボカド (アボガドは誤り) (=**アヴォカード** avocade 英)

アヴォカード avocade 英(名) アボカド (=**アヴォカ** avocat 仏)

ア オ セ A.O.C. 仏(句) アペラシヨン・ドリジーヌ・コントロレ appellation d'origine contrôlée (原産地統制名称)の略。農産物を保護管理する法律で、産地や飼育、栽培に関する厳しい規定を満たしている食材やワインにつけられる

アガラガール agar-agar 仏(男) (マレー語のアガール アガールから) 寒天

アグロ ドルチェ agrodolce 伊(形・単)〔**アグロ**

ドルチ agrodolci 伊(形・複)〕 甘酸っぱい

アシ hachis 仏(男) 細かくきざんだもの, みじん切り;ひき肉

アシェ① hacher 仏(動) きざむ, みじん切りにする

アシェ② haché 仏(形) きざんだ, みじん切りにした

アシエット assiette 仏(女) 皿

アジューテ ajouter 仏(動) 加える

アスティチェ astice 伊(男) オマールエビ（＝**ロブスター** lobster 英／**オマール** homard 仏）

アスパーラゴ asparago 伊(男・単)〔**アスパーラジ** asparagi 伊(男・複)〕 アスパラガス（＝**アスペルジュ** asperge 仏）

アスピック aspic 仏(男) ゼリー寄せ

アスペルジュ asperge 仏(女) アスパラガス（＝**アスパーラゴ** asparago 伊）

アセゾヌマン assaisonnement 仏(男) 調味;調味料

アセゾネ assaisonner 仏(動) 調味する, (おもに)塩、コショウする

アチェート aceto 伊(男) 酢（＝**ヴィネーグル**

vinaigre 仏)

アチェート バルサーミコ aceto balsamico 伊(男)
ロマーニャ州のモデナなどで、ブドウ果汁から醸造・樽熟成を経て作られる濃厚で香り高い酢

アックア acqua 伊(女) 水(=オー eau 仏)

アッシェ→アシェ

アッチゥーガ acciuga 伊(女・単)〔アッチゥーゲ acciughe 伊(女・複)〕 アンチョビー(=アンショワ anchois 仏)

アッバッキオ abbacchio 伊(男・単)〔アッバッキ abbacchi 伊(男・複)〕 (ローマ方言で)乳飲み仔羊

アッフミカータ(〜テ・複) affumicata(〜te) 伊(形・女)〔アッフミカート(〜ティ・複) affumicato(〜ti) 伊(形・男)〕 いぶした、燻製の(=フュメ fumé 仏)

アッロースト arrosto
伊(形・不変) ローストした
伊(男) ローストしたもの(=ロティ rôti 仏)

アッローロ alloro 伊(男) 月桂樹(=ローリエ laurier 仏)

アッロスティータ(〜テ・複) arrostita(〜te) 伊(形・女)〔アッロスティート(〜ティ・複) arrostito(〜ti) 伊(形・男)〕 焼いた

アッロスティーレ arrostire 伊(動) 焼く，ローストする

アナトラ anatra 伊(女) 鴨 (= **カナール** canard 仏)

アナナ ananas 仏(男) パイナップル

アナナス→アナナ

アニ anis 仏(男) アニス

アニェッロ agnello 伊(男) 仔羊

アニョー agneau 仏(男) 仔羊

アニョー ド レ agneau de lait 仏(男) 乳飲み仔羊

アニョロッティ agnolotti 伊(男・複) ひき肉やチーズなどの材料で作った詰めものを、正方形や円形のパスタで包んだ料理

アネット aneth 仏(男) ウイキョウの仲間で葉はハーブ、種はスパイスになる香草。イノンド，スウェーデンパセリ (= **ディル** dill 英)

アバ abats 仏(男・複) 家畜や猟獣類の頭、舌、尾、内臓などの肉以外の部位。バラエティミート

アバッキョ→アッバッキォ

アバティ abattis 仏(男・複) 家禽の頭や手羽、砂肝、肝臓などの肉以外の部位

ア

アパレイユ appareil 仏(男) 道具；(おもに製菓で) 下ごしらえ用に混ぜ合わせたもの，たね

ア ブラン à blanc 仏(句) 色づかないように炒める，焼く

アプランティ apprenti 仏(男) 見習い，徒弟

アブリコ abricot 仏(男) アンズ (=**アプリコット** apricot 英)

アプリコット apricot 英(名) アンズ (=**アブリコ** abricot 仏)

アベセ abaisser 仏(動) (生地を) 薄く延ばす

アペタイザー appetizer 英(名) 食前酒 (=**アペリティフ** apéritif 仏)；前菜

アペリティフ apéritif 仏(男) 食前酒 (=**アペタイザー** appetizer 英)

アペルト aperto 伊(形) 開いた，営業中の

アボガド→アヴォカード

ア ポワン à point 仏(句) ほどよく，適度に

アマラーント amaranthe (または amarante) 仏(女) 南米原産のヒユ科の穀物。アマランサス (=**アマランス** amaranth 英)

アマランサス amaranthus または **アマランス** amaranth 英(名) 南米原産のヒユ科の穀物 (=

アマラーント amaranthe 仏)

アマレット amaretto 伊(男) アーモンド風味のリキュール;アーモンドを使った焼き菓子の一種

アマンド amande 仏(女) アーモンド

アミューズ・グール amuse-gueule 仏(男・不変) (食前酒とともに出される)突き出し(=アミューズ・ブーシュ amuse-bouch 仏)

アミューズ・ブーシュ amuse-bouche 仏(男・不変) 突き出し(=アミューズ・グール amuse-gueule 仏)

アメール amer 仏(形・男)〔**アメール** amère 仏(形・女)〕 苦い

ア ラ カルト à la carte 仏(句) 献立表から客が好みで料理を選択する提供スタイル

アラゴスタ aragosta 伊(女) イセエビ(=ラングースト langouste 仏)

アラシド arachide 仏(女) 落花生,ピーナッツ

ア ラ ミニッツ→**ア ラ ミニュート**

ア ラ ミニュート à la minute 仏(句) 即座に

ア ラ モード à la mode 仏(句) 流行の

ア ラ モード ド à la mode de 仏(句) ～流の,～風の

ア

アラン hareng 仏(男) ニシン

アランチャ arancia 伊(女・単)〔**アランチェ** arance 伊(女・複)〕 オレンジ（＝**オランジュ** orange 仏）

アリアータ agliata 伊(女) つぶしたニンニクにオリーブ油や酢を混ぜたソース

アリコ haricots 仏(男・複) インゲン豆

アリコ ヴェール haricots verts 仏(男・複) サヤインゲン

アリコベ→アリコ ヴェール

アリッサ harissa 仏(女) 北アフリカのトウガラシベースの香辛料で、クスクスに添える（もともとの正しい発音はハリッサ）

アリュメット allumette 仏(女) マッチ棒；マッチ棒大に細長く切ったもの

アルガン argan 仏(男) モロッコ特産のアカテツ科の植物。実から油をとる

アルザシエンヌ alsacienne 仏(形・女)〔**アルザシエン** alsacien 仏(形・男)〕〈ア・ラルザシエーヌで〉アルザス地方風の

アルティショー artichaut 仏(男) アーティチョーク（＝**カルチョーフォ** carciofo 伊）

アル デンテ al dente 伊(句) （パスタや米のゆで

加減、煮え加減が）歯ごたえのある

アル フォルノ al forno 伊(句) オーブンで焼いた

アルマニャック armagnac 仏(男) アルマニャック地方で作られるブランデー

アローム arôme 仏(男) 芳香

アロゼ arroser 仏(動) かける，注ぐ，調理中の素材に煮汁や焼き汁をかける

アロマ aroma 英(名) 芳香（=**アローム** arôme 仏）

アロワイヨー aloyau 仏(男) 牛の背肉（=**サーロイン** sirloin 英）

アンヴロップ enveloppe 仏(女) 包み

アンヴロッペ envelopper 仏(動) 包む，おおう

アンギーユ anguille 仏(女) ウナギ

アングレーズ→**クレーム アングレーズ**または**ソース アングレーズ**

アンジェリーク angélique 仏(女) セリ科の葉、茎、種子を使うハーブ。セイヨウトウキ（=**アンゼリカ** angelica 英）

アンシェンヌ ancienne 仏(形・女)〔**アンシャン** ancien 仏(形・男)〕〈ア・ランシェーヌで〉昔風の，古典風な

ア

アンショワ anchois 仏(男) アンチョビー（＝アッチゥーガ acciuga 伊）

アンゼリカ angelica 英(名) セイヨウトウキ（＝アンジェリーク angélique 仏）

アンダルーズ andalouse 仏(形・女)〔アンダルー andalou 仏(形・男)〕〈ア・ランダルーズで〉アンダルシア地方風の

アンディーヴ endive 仏(女) チコリ，ベルギーチコリ（＝チコーリア cicoria 伊）

アンティエ entier 仏(形・男)〔アンティエール entière 仏(形・女)〕全体の，全部の；完全な，丸のまま

アンティパスト antipasto 伊(男・単)〔アンティパスティ antipasti 伊(男・複)〕前菜，オール・ドゥーブル

アンドゥイエット andouillette 仏(女) 豚の腸に肉の細切りやみじん切りを詰めて作るソーセージ。加熱して温製で供する

アンドゥイユ andouille 仏(女) アンドゥイエットと同じ材料で作るソーセージだが、太くて加熱済みの場合が多く、冷製で前菜に用いる

アントルコート entrecôte 仏(女) （牛の）あばら肉，リブロース（＝リブ rib 英(名)／コスタータ costata 伊）

アントルメ entremets 仏(男) 甘味，デザート（も

ともとはロースト料理の後に挟む料理のこと）

アントルメティエ entremétier 仏(男) 厨房でスープ、卵、野菜などを担当するスタッフ

アントレ entrée 仏(女) メインディッシュの前の軽い料理；食事の最初の一品（もともとは献立の3番目の冷製料理やソースを使ったタンバルやスフレのこと）

アンビベ imbiber 仏(動) （生地にシロップや酒を）しみ込ませる

アンヒュージョン→アンフュジョン

アンフュジョン infusion 仏(女) 煮出すこと；煮出し汁；ハーブティ

アンフュゼ infuser 仏(動) 煮出す，煎じる

アンペリヤル impériale 仏(形・女) impérial 仏(形・男) 〈ア・ランペリヤルで〉皇帝風

アンロベ enrober 仏(動) 包む，くるむ，かける

イベリコ iberico 仏(形) イベリアの，スペインの；（ポール イベリコで）イベリコ豚

イル フロッタント île flottante 仏(女) （直訳すると「浮島」で）クレーム・アングレーズにゆでたメレンゲを浮かせた菓子

インヴォルティーニ involtini 伊(男・複)〔**インヴォルティーノ** involtino 伊(男・単)〕 薄切りの

ア

肉や野菜などで具材を巻き込んで作る料理（＝ポーピエット paupiette 仏）

インサラータ insalata 伊（女） サラダ；サラダ用の葉もの

インボッティート（〜ティ・複） imbottito（〜ti） 伊（形・男）〔**インボッティータ（〜テ・複）** imbottita（〜te） 伊（形・女）〕 詰めた，詰めものをした

インボッティート imbottito 伊（男） 詰めもの

ヴァーミセリ varmicelli 英（名） （スパゲティより細い）乾燥パスタ

ヴァキュヴァン vacuvin 仏（男） ワインボトル用のゴム栓（ポンプで空気が抜けるようになっている）の商標

ヴァシュラン モン・ドール vacherin mont-d'or 仏（男） フランスとスイス国境のジュラ山脈周辺で作られる、木枠に入ったセミソフトチーズ

ヴァニーユ vanille 仏（女） バニラ

ヴァプール vapeur 仏（女） 蒸気；〈キュイール ア ラ ヴァプールで〉蒸す

ウ ア ラ ネージュ œufs à la neige 仏（男） 淡雪羹

ヴァランセ valençay 仏（男） アンドル県周辺で作られる四角錐の形の山羊チーズ

ヴァリエ varié 仏(形) 変化をつけた；(複数形の名詞とともに) さまざまな，取り合わせの

ヴァン vin 仏(男) ワイン

ヴァン・ムスー vin-mousseux 仏(男) 発泡性ワイン (＝**スパークリングワイン** sparkling wine 英)

ヴィエノワズリー viennoiserie 仏(女) 発酵生地で作ったパン

ヴィシソワーズ vichyssoise 仏(女) ポロネギ、ジャガイモのピューレ、クリームで作る冷製スープ

ヴィテッロ vitello 伊(男) 仔牛，仔牛肉

ヴィデ vider 仏(動) 鶏や魚などの内臓を抜く；野菜の種や芯を取る

ヴィネーグル vinaigre 仏(男) 酢

ヴィネグレ vinaigrer 仏(他) 酢で味をつける

ヴィネグレット vinaigrette 仏(女) (酢、油、塩、コショウで作った) フレンチドレッシング

ヴィヤンド viande 仏(女) 肉，食用肉

ヴィンテージ vintage 英(名) ブドウの収穫年

ウーヴァ uva 伊(女) ブドウ

ウーミド umido
伊(形) 湿った，ぬれた

伊(男) 煮込み

ウヴェール ouvert 仏(形・男)〔**ウヴェルト** ouverte 仏(形・女)〕 開いた

ヴェール verre 仏(男) グラス，ガラス容器

ヴェール vert 仏(形・男)〔**ヴェルト** verte 仏(形・女)〕 緑の

ヴェッシー vessie 仏(女) ぼうこう

ヴェルヴェーヌ verveine 仏(女) クマツヅラ科のハーブ。コウスイボク（＝**ヴァーベナ** verbena 英）

ヴェルジュ verjus 仏(男) 酸味の強いブドウ汁

ヴェルジョワーズ vergeoise 仏(女) サトウキビから作った粗糖

ヴェルセ verser 仏(動) 注ぐ，流し込む

ウェル・ダン well-done 英(句) よく焼いた（＝**ビヤン キュイ** bien cuit 仏）

ヴェルドゥーラ verdura 伊(女) 野菜類

ヴェルミセル vermicelle 仏(男) （浮き実に用いる）ごく細いパスタ（＝**ヴァーミセリ** vermicelli 英）

ヴェルミチェッリ vermicelli 伊(男・複) （スパゲッティより細い）乾燥パスタ

ヴェルムート vermouth 仏(男) 香草で風味をつけたリキュール。ヴェルモット

ヴォー veau 仏(男) 仔牛,仔牛肉

ヴォラーティレ volatile 伊(男) 飼育された鳥類,家禽 (=**ヴォライユ** volaille 仏)

ヴォライユ volaille 仏(女) 飼育された鳥類,家禽 (=**ヴォラーティレ** volatile 伊)

ヴォンゴレ vongole 伊(女・複)〔**ヴォンゴラ** vongola 伊(女・単)〕 アサリ

ウオーヴォ uovo 伊(男)〔**ウオーヴァ** uova 伊(女)〕 卵(複数形は女性形を用いる)

ウニコ(ウニキ・複) unico(〜ci) 伊(形・男)〔**ウニカ(ウニケ・複)** unica(〜che) 伊(形・女)〕 唯一の,単一の

ウバ→ウーヴァ

ウフ œuf 仏(男・単)〔**ウ** œufs 仏(男・複)〕 卵

ウフ モレ œuf mollet 仏(男) 半熟玉子

ウ ブルイエ œufs brouillés 仏(男) スクランブル・エッグ

ヴルーテ velouté 仏(男) だしにルー、クリームなどでとろみをつけた(ビロードのようになめらかな)基本のソース

ア

ウルサン oursin 仏(男) ウニ

エヴァンタイユ éventail 仏(男) 扇形

エヴィデ évider 仏(動) 身をくりぬく；芯を抜く

エーグル aigre 仏(形) 酸っぱい

エーグル・ドゥー aigre-doux 仏(形・男)〔**エーグル・ドゥース** aigre-douce 仏(形・女)〕甘酸っぱい(男性形複数形は aigres-doux、女性形複数形は aigres-douces)

エカイエ écailler 仏(動) ウロコを落とす

エギュイエット aiguillette 仏(女) ひも状に切った肉, 細長い薄切り肉

エギュイユ aiguille 仏(女) 針, ピケ針, ブリデ針

エキュメ écumer 仏(動) 泡をとる, あくをすくう

エキュモワール écumoire 仏(女) 泡すくい, 穴じゃくし, 網じゃくし(＝**スキマー** skimmer 英)

エクストラ ヴァージン オリーヴ オイル extra virgin olive oil 英(名) 精製していない、上質なオリーブ油(＝**オーリオ エクストラヴェルジネ ドリーヴァ** olio extravergine d'oliva 伊／**ユイル・ドリーヴ・ヴィエジュ・エクストラ** huile d'olive vierge extra 仏)

エグテ égoutter 仏(動) 水気や油気をきる, 絞る, ぬぐう

エクラゼ écrasé 仏(形) つぶした，砕いた

エクルヴィス écrevisse 仏(女) ザリガニ（パット・ルージュ種とパット・ブランシュ種の2種類がある）(=**クレイフィッシュ** crayfish 英)

エコノム économe 仏(男) （倹約家の意味だが，薄くむけることから）皮むき器）(=**ピーラー** peeler 英)

エシャレット 日(名) 若採りのラッキョウ

エシャロット échalote 仏(女) エシャロット，ベルギーエシャロット (=**シャロット** shallot 英)

エスカベーシュ escabèche 仏(女) 魚の酢漬け

エスカルゴ escargot 仏(男) カタツムリ（プティ・グリ種とブルゴーニュ種の2種類がある）

エスカロップ escalope 仏(女) 薄切り，薄い切り身

エスコフィエ Escoffier 仏(固) オーギュスト・エスコフィエ。19世紀末から20世紀初めに活躍した現代フランス料理の祖

エストラゴン estragon 仏(男) ヨモギの仲間の香草の一種 (=**タラゴン** tarragon 英)

エスプーマ espuma 西(女) 泡；亜酸化窒素ガスや炭酸ガスを使ってムース状にした料理

エスプレッソ espresso 伊(男) 特急，エスプレッ

ア ソコーヒー

エダム edam　仏(男)　オランダ産のワックスのかかったセミハードチーズ

エチュベ→エテュヴェ

エテュヴェ① étuvée　仏(女)　蒸し煮

エテュヴェ② étuver　仏(動)　(少量の水分で)蒸し煮にする

エトゥフェ① étouffée　仏(女)　蒸し煮

エトゥフェ② étouffer　仏(動)　(蓋をして)蒸し煮にする；窒息させる

エノテーカ enoteca　伊(女・単)　ワイン専門店

エバルベ ébarber　仏(動)　(余分なものを)切り落とす

エピス épice　仏(女)　香辛料

エピ ド マイス épi de maïs　仏(男)　ヤングコーン，ベビーコーン

エピナール épinard　仏(男)　ホウレン草

エフィレ effiler　仏(動)　縦にせん切りにする，薄切りにする；豆のさやなどの筋を取る；家禽や野禽をさばかずに腸を抜く

エブイヤンテ ébouillanter　仏(動)　熱湯に浸す，ゆ

がく

エプリュシェ éplucher 仏(動) 皮や殻をむく，こそげる，下ごしらえする

エペ épais 仏(形・男)〔**エペス** epaisse 仏(形・女)〕厚みがある；濃い

エペルラン eperlan 仏(男) シシャモ；ワカサギ

エポール épaule 仏(女) （肉の部位の）肩

エポワス epoisses 仏(男) オレンジ色をしたウォッシュタイプの牛乳チーズ

エポンジェ éponger 仏(動) （水気や油気を）ふきとる

エポンジュ éponge 仏(女) スポンジ

エマンセ① émincé 仏(形) 薄く切った 仏(男) 薄切り，スライス

エマンセ② émincer 仏(動) 薄切りにする，スライスする

エミュルショネ① émulsionné 仏(形) 乳化させた，白濁した

エミュルショネ② émulsionner 仏(動) （酢と油やバター、卵黄を）かきたてて白濁させる，乳化させる

エメンタル emmental 仏(男) スイスからフランス

ア サヴォワ地方で作られる大きな穴の開いたハードチーズ

エム オ エフ M.O.F. 仏(男) フランス最優秀職人章

エリンギ 日(名) 欧米原産で、90年代に愛知県にはじめて導入された栽培キノコ。和名は学名から（＝**プルーロット デュ パニコー** pleurote du panicaut 仏）

エルヴァージュ élevage 仏(男) 飼育，養殖

エルバ erba 伊(女・単) 草，香草

エルブ herbes 仏(女・複) 香草

エルブ・ド・プロバンス herbes de Provence 仏(女・複) 南仏のミックスハーブ。タイム、ローリエ、サボリー、バジルなどを混ぜ合わせたもの

エルベ erbe 伊(女・複) 草，香草（エルバの複数形）；野菜

エルロン aileron 仏(男) 手羽

オー eau 仏(女) 水；液体

オーヴァル oval 英(名) 楕円；楕円形の銀皿

オー・ド・ヴィ eau-de-vie 仏(女) 果実や穀物で作る蒸留酒

オードブル→**オール・ドゥーブル**

オータムポエム 日(名)　紅菜苔(コウサイタイ)と菜心(ツァイシン)を交雑した新野菜

オーベルジーヌ→オベルジーヌ

オーベルジュ→オベルジュ

オーボ→ウォーヴォ

オーリオ olio　伊(男・単)　油（＝**ユイル** huile 仏），オリーブ油

オーリオ エクストラヴェルジネ ドリーヴァ olio extravergine d'oliva　伊(男)　エクストラ・ヴァージン・オリーブ油。精製していない上質なタイプのオリーブ油のこと（＝**エクストラ ヴァージン オリーブ オイル** extra virgin olive oil 英）

オール・ドゥーブル hors-d'œuvre　仏(男・不変)　前菜

オステリーア osteria　伊(女)　居酒屋，レストラン

オゼイユ oseille　仏(女)　スイバ，スカンポ

オッソブーコ ossobuco　伊(男・単)〔**オッシブーキ** ossibuchi　伊(男・複)〕　骨髄入りの牛のすね；骨付き仔牛のすね肉を筒切りにして煮込んだ料理

オテル hôtel　仏(男)　ホテル，旅館；邸宅，館

オニオンブランシュ 日(名)　葉タマネギ

オニョナード oignonade（または ognonnade）　仏(女)

ア	タマネギのコンフィ（タマネギの薄切りをバターで炒め溶かしたもので、リヨン風の料理に多く用いる）

オニョン oignon 仏(男) タマネギ（＝**チポッラ** cipolla 伊）

オベルジーヌ aubergine 仏(女) ナス

オベルジュ auberge 仏(女) 高級な田舎風レストラン：郊外のホテルとレストランを兼ねる宿屋

オマール homard 仏(男) オマールエビ（＝**ロブスター** lobster 英）

オムレット omelette 仏(女) オムレツ

オモニエール aumônière 仏(女) 巾着包み

オランジュ orange 仏(女) オレンジ（＝**アランチャ** arancia 伊）

オリーヴ olive 仏(女) オリーブの実

オリーヴァ oliva 伊(女) オリーブの実

オリーガノ origano 伊(男) マジョラムの仲間の香草。花ハッカ（＝**オレガノ** oregano 英／**オリガン** origan 仏）

オリガン origan 仏(男) マジョラムの仲間の香草。花ハッカ（＝**オレガノ** oregano 英／**オリーガノ** origano 伊）

オルディネール ordinaire 仏(形) いつもの，普通の，普段の

オラータ orata 伊(女) タイの一種（＝ドラード daurade 仏）

オレイユ oreille 仏(女) アワビ；耳

オレガノ oregano 英(名) マジョラムの仲間の香草。花ハッカ（＝**オリガン** origan 仏／**オリーガノ** origano 伊）

オワ oie 仏(女) ガチョウ

オングレ onglet 仏(男) 横隔膜，ハラミ

オンブル omble 仏(男) イワナ

オンブル・シュヴァリエ omble-chevalier 仏(男) アルプスイワナ（北極イワナ）。イワナの仲間だが回遊して海に下る大型魚（＝**アークティックチャー** Arctic charr 英）

カ

カーヴ cave 仏(女) 倉庫，酒倉

カーヴォロ cavolo 伊(男・単)〔**カーヴォリ** cavoli 伊(男・複)〕 キャベツ (＝シュー chou 仏)

カーヴォロ ヴェルツァ cavolo verza 伊(男) ちりめんキャベツ

カーヴォロ ネッロ cavolo nero 伊(男) トスカーナ地方産の広葉の縮れキャベツ (＝シュー ノワール ド トスカノ chou noir de Toscane 仏／シュー パルミエ chou palmier 仏)

ガービジ garbage 英(名) ゴミ

カープル câpre 仏(女) ケッパー

カイユ caille 仏(女) ウズラ

カヴィヤール caviar 仏(男) キャビア

カシス cassis 仏(男) クロスグリ

カジュー cajou 仏(男) カシューナッツ

カス・クルート casse-croûte 仏(男・不変) フランスパンで作ったサンドウィッチ

カスターニャ castagna 伊(女・単)〔**カスターニェ** castagne 伊(女・複)〕 クリ

ガストリック gastrique 仏(女) 砂糖やハチミツに酢やレモン汁などの酸っぱい液体を加えて、カラメル状に煮つめたもの

ガストロノミー gastronomie　仏(女)　美食；美食法

ガストロノミック gastronomique　仏(形)　美食の

ガスコーンヌ gasconne　仏(形・女)　〈ア・ラ・ガスコーンヌで〉ガスコーニュ地方の

ガスパチョ gazpacho　西(男)　トマト風味の冷製スープ

カスレ cassoulet　仏(男)　白インゲン豆、羊肉、腸詰などを煮た煮込み

カスロール casserole　仏(女)　柄のついた深めの丸鍋，片手鍋(＝ソースパン sauce pan 英)(**アン カスロール** en casserole "カスロール入り" とした場合はココットを指す)

カソナード cassonade　仏(女)　テンサイから作った粗糖

カチョカヴァッロ caciocavallo　伊(男)　南イタリアで作られる洋梨型のセミハードタイプの牛乳チーズ

カッサータ cassata　伊(女)　甘いリコッタチーズを使ったシチリアの菓子；種類の異なるアイスクリームでクリームをはさんだ冷菓

カッチャトーラ cacciatora　伊(形・女)　〈アッラ・カッチャトーラで〉漁師風の

カッチャトーレ cacciatore　伊(男)　狩人，漁師；

小ぶりのソーセージ

カ

カッチュッコ cacciucco 伊(男・単)〔**カッチュッキ** cacciucchi 伊(男・複)〕 トスカーナ州の魚介のスープ

カッテージ チーズ cottage cheese 英(名) イギリスのフレッシュチーズ

カッペリ capperi 伊(男・複)〔**カッペロ** cappero 伊(男・単)〕 ケイパー

カッペレッティ cappelletti 伊(男・複) 帽子型詰めもののパスタ

カッポーネ cappone 伊(男) 去勢鶏(=**シャポン** chapon 仏)

カッルーバ carruba 伊(女) イナゴマメ(=**カルーブ** caroube 仏)

ガトー gâteau 仏(男) 菓子

カトラリー cutlery 英(名) 刃物類；ナイフ、フォーク、スプーンひとそろいのテーブルセット(=**クーヴェル** couvert 仏)

カトレピス quatre-épices 仏(男または女・不変) 4種の混合香辛料(コショウ、ナツメグ、クローヴ、ショウガ)

ガナーシュ ganache 仏(女) チョコレートにバター、クリームを加えた製菓用クリーム

カナール canard　仏(男)　鴨；アヒル

カナッペ→カナペ

カナペ canapé　仏(男)　薄く四角く切ったパンやクラッカーに各種の具をのせたもの。オープンサンドウイッチ

カヌトン caneton　仏(男)　仔鴨

カネル cannelle　仏(女)　ニッキ，肉桂（＝**シナモン** cinnamon 英／**カンネッラ** cannella 伊）

カネロニ→カンネッローニ

カビヨー cabillaud　仏(男)　タラ

カフェ café　仏(男)　コーヒー，コーヒー店

カプレーゼ caprese　伊(女)　トマト、モッツァレラチーズ、バジリコなどを使ったカプリ風サラダ（南部の発音ではカプレーセ）

カペッリーニ capellini　伊(男・複)　極細のパスタ

カポナータ caponata　伊(女)　素揚げしたナスをオリーブの実、香辛料、酢、砂糖などで煮込むシチリア料理

カマンベール camembert　仏(男)　ノルマンディ地方のカマンベール村で作られる白かび牛乳チーズ

カメリエーレ cameriere　伊(男)　ボーイ，給仕人

カモミーユ camomille 仏(女) 菊科のハーブの一種。カモミール（=**カモマイル** camomile 英）

ガラ ディナー gala dinner 英(名) （クリスマスや大晦日、会議最終日などの）特別な晩餐会

カラフ carafe 仏(女) 水さし

カラフェ→カラフ

カラマーロ calamaro 伊(男) ヤリイカ（=**カルマール** calmar 仏）

カラメリゼ caraméliser 仏(動) カラメルにする；カラメルを流す；カラメリゼする（砂糖をふって焼きごてや上火で色づけする）；野菜を弱火で炒めて色づけする

カラメル caramel 仏(男) 焦げる寸前まで色づけした砂糖

ガランティーヌ galantine 仏(女) 骨を抜いた仔牛や鶏肉に詰めものをして、ゼラチンの多いだしで煮た冷製料理

カルーブ caroube 仏(女) イナゴマメ（=**カッルーバ** carruba 伊）

カルヴァドス calvados 仏(男) シードルのブランデー

カルヴィ carvi 仏(男) セリ科のスパイスの一種。ヒメウイキョウ（=**キャラウェイ** caraway 英）

カルカッス carcasse　仏(女)　ガラ

ガルソン garçon　仏(男)　ボーイ，男の給仕人

カルダモーム cardamome　仏(男)　カルダモン

カルダモン cardamom　英(名)　ショウガ科のスパイス。ショウズク（＝**カルダモーム** cardamome 仏）

カルチョーフィ carciofi　伊(男・複)〔**カルチョーフォ** carciofo　伊(男・単)〕　アーティチョーク

カルティエ quartier　仏(男)　4分の1；櫛形切り

カルディナール cardinal　仏(形・男)〔**カルディノー** cardinaux　仏(形・男複)〕　枢機卿風の（枢機卿が赤い法衣を着ることから赤いソースや、赤いフルーツを使った料理につける）

カルト carte　仏(女)　献立表

カルド cardo　伊(男)　アーティチョークの仲間で葉茎を食べる野菜（＝**カルドン** cardon 仏）

ガルド・マンジェ garde-manger　仏(男・不変)　食料品庫；食料品庫係。各セクションに配る食材の管理、下ごしらえを行ない、冷製料理も担当する

カルドン cardon　仏(男)　アーティチョークの仲間で葉茎を食べる野菜（＝**カルド** cardo 伊）

ガルニ，ガルニチュール→**ガルニテュール**

ガルニテュール garniture　仏(女)　付け合わせ

カルネ carne　伊(女)　肉

カルパッチォ carpaccio　伊(男)　生の牛肉の薄切りにパルメザンチーズ、オリーブ油、マヨネーズなどのソースをかけて、生野菜を添えた料理

カルパッチョ→カルパッチォ

ガルバンゾ garbanzo　西(男)　ヒヨコ豆

ガルビュール garbure　仏(女)　ベアルヌ地方の実だくさんのスープ

カルボナーラ carbonara　伊(形・女)　〈アッラ・カルボナーラで〉炭焼き風の（炒めた生ベーコンと卵のソースを使う）

カルマール calmar　仏(男)　ヤリイカ（＝**カラマーロ** calamaro 伊）

カレ carré　仏(男)　塊の骨付き背肉；正方形

ガレット galette　仏(女)　円形で平たく焼いた菓子（ジャガイモなどを使うこともある）；ブルターニュ地方のソバ粉のクレープ

カロータ carota　伊(女)　ニンジン（＝**カロット** carotte 仏）

カロット carotte　仏(女)　ニンジン（＝**カロータ** carota 伊）

カンカレーズ cancalaise 仏(形・女)〔**カンカレ** cancalais 仏(形・男)〕〈ア・ラ・カンカレーズで〉カンカル風(牡蠣産地の漁村カンカルにちなみ、牡蠣を使う料理)

カンティーナ cantina 伊(女) ワイン貯蔵庫

カンネッラ cannella 伊(女) シナモン(=**カネル** cannelle 仏)

カンネッローニ cannelloni 伊(男・複) 詰めものを入れて管状に巻いたパスタ

ガンベリ gamberi 伊(男・複)〔**ガンベロ** gambero 伊(男・単)〕 小エビ(泳ぐエビ)(=**クルベット** crevettes 仏/**シュリンプ** shrimps 英)

キウーソ chiuso 伊(形) 閉めた, 終業の

ギオッタ ghiotta 伊(女) 野禽のローストにかけるウンブリア地方のソース

キッシュ quiche 仏(女) ベーコン、生クリーム、卵などを混ぜ合わせたものを詰めた塩味のタルト

キヌア quinoa 西(女) 南米原産の穀物

キャセロール→カスロール

キャトルエピス→カトレピス

キャビア caviar 英(名) チョウザメの卵の塩漬け(=**カヴィヤール** caviar 仏)

ギャベジ→ガービジ

キャラウェイ caraway 英(名) セリ科のスパイスの一種。ヒメウイキョウ（＝**カルヴィ** carvi 仏）

キャラメリゼ→カラメリゼ

ギャルソン→ガルソン

キュイ cuit 仏(形・男)〔**キュイット** cuite 仏(形・女)〕煮た，焼いた，加熱調理した

キュイール cuire 仏(動) 煮る，焼く，加熱する

キュイエール cuiller（または cuillère）仏(女) スプーン

キュイジーヌ cuisine 仏(女) 料理

キュイジニエ cuisinier 仏(男) (男の)料理人

キュイス cuisse 仏(女) もも肉

キュイソン cuisson 仏(女) 食物を煮る液体；加熱調理，煮ること，焼くこと

キュイユレ cuillerée 仏(女) ひとさじ量

キュマン cumin 仏(男) クミン

キュラソー curaçao 仏(男) オレンジリキュール

キュリー curry 仏(男) カレー粉，カレーソース（＝**カリ** cari 仏）

キュリネール culinaire 仏(形) 料理の

キュルキュマ curcuma 仏(男) ウコン（香辛料の一種）（＝**ターメリック** turmeric 英）

キルシュ kirsch 仏(男) サクランボの蒸留酒

クアッリア quaglia 伊(女) ウズラ

クー cou 仏(男) 首, 首づる

クー queue 仏(女) 尾；エビの腹（身の部分）

クーヴェール couvert 仏(男) ナイフ、フォーク、スプーンひとそろいのテーブルセット（＝**カトラリー** cutlery 英）；テーブルチャージ

クーヴェルクル couvercle 仏(男) 蓋

クーヴェルテュール couverture 仏(女) カカオバターを多く含む製菓用チョコレート

グージョネット goujonnettes 仏(女) 細切りにした魚を揚げた料理

グーダ gouda 仏(男) オランダ原産のセミハードチーズ, ゴーダチーズ

クープ coupe 仏(女) カップ；切ること

クーペ couper 仏(動) 切る

クーベルチュール→**クーヴェルテュール**

カ

クーリ coulis 仏(男) こした汁，ピューレ

クール cœur 仏(男) 心臓；中心，芯

クールジェット courgette 仏(女) ズッキーニ

クールジュ courge 仏(女) カボチャ

クール・ブイヨン court-bouillon 仏(男) 香味野菜からとった魚、肉などの下煮用のだし

グールマン gourmand 仏(形・男)〔**グールマンド** gourmande 仏(形・女)〕 大食の，美食家の

グールメ gourmet 仏(男) 食通，美食家

クオーコ cuoco 伊(男・単)〔**クオーキ** cuochi 伊(男・複)〕 コック，料理人（＝**キュイジニエ** cuisinier 仏）

クオーレ cuore 伊(男) 心臓；中心，芯

クグロフ couglof（または cougloff, kouglof, kouglooff）仏(男) アルザス地方のブリオッシュ

クスクス couscous 仏(男) セモリナを蒸し、羊や鶏のスープをかけた北アフリカ料理

クチーナ cucina 伊(女) 料理；台所；レンジ，オーブン

クトー couteau 仏(男・単) couteaux (男・複) ナイフ

クトー ド シェフ couteau de chef 仏(男) 牛刀

クトー ドフィス couteau d'office 仏(男) ペティナイフ

クネル quenelle 仏(女) 肉や野菜をすりつぶして脂肪や卵などでまとめ、形どってゆでたもの。ミートボール

グラ gras
 仏(形・男)〔**グラース** grasse 仏(形・女)〕脂身の，脂肪の多い；肉を使った
 仏(男) （肉の）脂身

グラーノ サラチェーノ grano saraceno 伊(男) ソバ

グラーナ パダーノ grana padano 伊(男) 北イタリアで作られる粒状に砕けやすいハードチーズ

グラサージュ glaçage 仏(男) 凍らせること；焼き色をつけること；料理に煮汁をかけながら仕上げをして照りをつけること，つや煮すること；糖衣をかけること

グラス glace 仏(女) 氷；アイスクリーム；煮こごり状になるまで煮つめただしや肉汁（ソースの仕上げや旨みづけに用いる）；糖衣

グラス・ド・ヴィヤンド glace de viande 仏(女) （フォン・ド・ヴォーなどを煮つめて作る）肉のエキス

グラタン gratin 仏(男) 表面におろしたチーズやパン粉をふりかけて上火で焼いた料理

グラッセ glacer 仏(動) 冷やす；焼き色をつける；(糖衣をかけて)つやを出す；(野菜を)水，バターで煮汁がシロップ状になるまで煮る

グラティネ gratiner 仏(動) おろしたチーズやパン粉をふって焼く，グラタンにする

グラニテ granité 仏(男) 粒の粗いざらっとしたシャーベット

クラブ crabe 仏(男) カニ

クラフティ clafoutis 仏(男) サクランボウやリンゴを器に敷き詰め、クレープ生地を流して焼いたリムーザン地方の菓子

クラム clam 仏(男) 二枚貝

グラモラータ gramolata 伊(女) シャーベット；ニンニク、パセリ、レモンの皮をきざんだ調味料

クラリフィエ clarifier 仏(動) 澄ます

グラントゥルコ granturco 伊(男) 〔**グラントゥルキ** granturchi 伊(男・複)〕 トウモロコシ

グラン・マルニエ Grand Marnier 仏(男) マルニエ・ラポストール社の作るオレンジリキュールの商標名

グラン・メール grande-mère 仏(女) 〈ア・ラ・グランメールで〉おばあさん風，昔風家庭料理

グランメゾン 日(名) 高級レストランを示す和製フ

ランス語

グリ gris 仏(形・男)〔**グリーズ** grise 仏(形・女)〕 灰色の

グリース トラップ grease trap 英(名) 厨房の排水をせき止めて、油を分離して水のみ下水に流す装置

グリーユ・パン grille-pain 仏(男・不変) トースター，パン焼き器

グリエ① griller 仏(動) グリルする，網焼きにする（＝**グリル** grill 英）

グリエ② grillé 仏(形) 網焼きにした，網焼きの

グリッシーニ grissini 伊(男・複)〔**グリッシーノ** grissino 伊(男・単)〕 箸くらいに細長い固いパン

グリッリア griglia 伊(女・単) 焼き網，グリル

グリヤード grillade 仏(女) 網焼き用の肉；グリルした料理；グリエ用鉄板

クリュ cru 仏(形) 生の（＝**クルード** crudo 伊）

グリュイエール gruyère 仏(男) スイスのグリュイエール村産の牛乳製ハードチーズ

クリュディテ crudités 仏(女・複) 生野菜；生野菜のサラダ

クリュスタセ crustacés 仏(男・複) 甲殻類

グリヨット griotte 仏(女) サクランボの一種（皮が黒く小ぶりな品種）

グリル gril 仏(男) 焼き網，網焼き用鉄板

クルーテ clouter 仏(動) （クギ状に切ったトリュフや背脂、クローブなどを）刺す

クルート croûte 仏(女) パンの皮；パイ皮；パイケースで包んだ料理

クルード（～ディ・複） crudo（～di） 伊(形・男)〔**クルーダ（～デ・複）** cruda（～de） 伊(形・女)〕 生の（＝**クリュ** cru 仏）

クルヴェット crevette 仏(女) 小エビ（クルマエビなど泳ぐエビ）（＝**ガンベロ** gambero 伊／**シュリンプ** shrimp 英）

クルスティヤン croustillant 仏(形・男)〔**クルスティヤント** croustillante 仏(形・女)〕 かりかりした，ぱりぱりした

クルトン croûton 仏(男) さいの目などに切って揚げた（焼いた）パン

グルナディーヌ grenadine 仏(女) ザクロのシロップ（＝**グレナディン** grenadine 英）

グルヌイユ grenouille 仏(女) カエル

グルメ→グールメ

グレース graisse 仏(女) 脂肪

グレース・ドワ graisse d'oie 仏(句) ガチョウ脂

クレープ crêpe 仏(女) 小麦粉などの生地を水や牛乳で溶いて薄く焼いたもの

クレープ スュゼット crêpe Suzette 仏(女) オレンジ風味のバターソースをかけたクレープ

クレーマ crema 伊(女) 生クリーム（=**パンナ** panna 伊），クリーム状のもの；濃厚な甘いリキュール（=**クレーム** crème 仏）

クレーム crème 仏(女) 生クリーム，クリーム状のもの；濃厚な甘いリキュール

クレーム アングレーズ crème anglaise 仏(女) 卵黄、牛乳、砂糖で作ったバニラ風味のソース。ソース・アングレーズともいう

クレーム プードル→プードル ア クレーム

クレーム オ ブール crème au beurre 仏(女) バタークリーム

クレーム カラメル crème caramel 仏(女) カスタードプリン

クレーム シャンティイ crème Chantilly 仏(女) ホイップクリーム

クレーム ダマンド crème d'amande 仏(女) アーモンドクリーム

クレーム ドゥーブル crème double 仏(女) 乳脂肪を高めて濃厚に作られたヘビークリーム

クレーム パティシェール crème patissière 仏(女) カスタードクリーム

クレーム ブリュレ crème brûlée 仏(女) カスタードプリンに似たデザート。表面に焼き色をつけるのが特徴

グレセ graisser 仏(動) 油脂をぬる

クレソン cresson 仏(男) クレソン

グレック grecque 仏(形・女)〔**グレック** grec 仏(形・男)〕〈ア・ラ・グレックで〉ギリシア風の(コリアンダーなどの香辛料、オリーブ油が用いられる)

グレナディン grenadine 英(名) ザクロのシロップ(=**グルナディーヌ** grenadine 仏)

クレピーヌ crépine 仏(女) 網脂

クレピネット crépinette 仏(女) 挽き肉を網脂で包んで焼いた料理(日本では網脂そのものをクレピネットと呼ぶ例があるが誤り);平型ソーセージ

クレメ crémer 仏(動) クリームを加える,クリームをかける〈クレーム(クリーム)とアクサンの向きが違うのでつづりに注意〉

グロ セル gros sel 仏(男) 粗塩

クロカンブーシュ croquembouche 仏(男) 糖衣を着せた果物やシューをピラミッド状に積み上げた宴会用の菓子

クロケット croquette 仏(女) コロッケ(=**クロッケッタ** crocchetta 伊)

クロシュ cloche 仏(女) 釣り鐘型のディッシュカバー(保温用の蓋)

クロスタータ crostata 伊(女) パイ

クロスティーニ crostini 伊(男・複)〔**クロスティーノ** crostino 伊(男・単)〕 クルトン、トーストしたパンで作るカナッペ

グロゼイユ groseille 仏(女) スグリ(=**カラント** carrants 英)

クロタン crottin 仏(男) ベリー地方の小型の山羊のチーズ

クロッカン croquant 仏(形・男)〔**クロッカント** croquante 仏(形・女)〕 かりかりした,歯ごたえがある

クロッケッタ crocchetta 伊(女) コロッケ(=**クロケット** croquette 仏)

グロッタ grotta 伊(女) 穴蔵,酒蔵;地下のレストラン

クロワッサン croissant 仏(男) 三日月形の菓子パン

ケイパー caper 英(名)　ケイパー（＝**カープル** câpre 仏／**カッペロ** cappero 伊）

ケール kale 英(名)　キャベツの原種

ケチャップ ketchup 英(名)　ケチャップ

ケッカ checca 伊(形・女)　〈アッラ・ケッカで〉生のトマトとバジリコで和えた

ケッパー→ケイパー

ケレス xérès 仏(男)　シェリー酒（＝**ヘレス** jerez 西）

ゲリドン guéridon 仏(男)　サービス用の補助テーブル

ゴーダ→グーダ

コート côte 仏(女)　牛や豚のあばら骨付きで切り分けた背肉（塊のままはカレ carré）

コートレット côtelette 仏(女)　（仔牛や仔羊など小型な動物の）あばら骨付きで切り分けた背肉（＝**コストレッタ** costoletta 伊）

ゴーフル gaufre 仏(女)　（ミツバチの巣棚を模した）格子模様のついた薄焼き菓子；ゴーフル状に細工して揚げたジャガイモ

ゴーフレット gaufrette 仏(女)　アイスクリームやシャーベットに添える薄いクッキー

コールラビ kohlrabi　英(名)　カブカンラン（=シュー・ラーヴ chou-rave 仏）

ゴールワーズ gauloise　仏(形・女)〔**ゴールワ** gaulois　仏(形・男)〕〈ア・ラ・ゴールワーズで〉ガリア風の（鶏のとさかと腎臓が使った料理）

コキール→コキーユ

コキヤージュ coquillage　仏(男)　貝類

コキーユ coquille　仏(女)　貝殻；貝殻型の器に盛るマヨネーズ和えやグラタン

コクテル cocktail　仏(男)　カクテル；カクテルグラスに盛った冷製料理

コクレ coquelet　仏(男)　雄鶏のひな

ココット cocotte　仏(女)　煮込み用両手鍋

コション cochon　仏(男)　豚

コスタータ costata　伊(女・単)　（牛の）あばら肉，リブロース（=**アントルコート** entrecôte 仏）

コスターテ costate　伊(女・複)　（牛の）あばら肉；牛の肩ロース；（ナポリ地方）牛のリブロース

コストレッタ costoletta　伊(女・単)〔**コストレッテ** costolette　伊(女・複)〕（仔牛、仔羊などの）あばら骨付き背肉（=**コートレット** côtelette 仏）

コスレタス cos lettuse　英(名)　ロメインレタス

コック coq 仏(男) 雄鶏

コッパ coppa 伊(女) カップ；豚の肩部肉で作るハム；豚の頭肉をゆでてきざみ、ゼラチンで寄せたもの

コッフル coffre 仏(男) 箱；(骨つきで2枚つながった状態の鳥の) 胸肉；(甲殻類の) 殻

コテキーノ cotechino 伊(男) 豚の皮に詰めて作る腸詰

コトリヤード cotriade 仏(女) ブルターニュ地方のスープ仕立ての魚料理

コニッリオ coniglio 伊(男・単)〔コニッリ conigli 伊(男・複)〕家ウサギ

コニャック cognac 仏(男) フランス西南部コニャック地方のブランデー

コペルト coperto
  伊(形) 蓋をした
  伊(男) 食器ひと揃い；一人分の食事；席料

コポー copeau 仏(男) かんなくず状に削ったもの

コミ commis 仏(男) 見習い（アプランティ）の上のランクで、アシスタントを務める料理人；店員

コライユ corail 仏(男) エビやカニのミソ，ホタテ貝のキモ

コリアンダー coriander 英(名) シャンツァイ，パ

クチー（＝コリアンドル coriandre 仏）

コリヤンドル coriandre 仏(女)　シャンツァイ，パクチー（＝コリアンダー coriander 英）

コルヴェール colvert（または col-vert）　仏(男)　真鴨

ゴルゴンゾーラ gorgonzola　伊(男)　ロンバルディア州などで作られる牛乳製青かびチーズ

ゴルジュ gorge　仏(女)　のど肉

コルテッロ coltello　伊(男)　包丁

コルニション cornichon　仏(男)　小キュウリ，ピクルス

コルヌ corne　仏(女)　（手の平に入る柄のない）へら，スケッパー

コルネ cornet　仏(男)　角型；絞り袋

コルベール Colbert　仏(固)　ルイ王朝時代の政治家。メートル・ドテルバターを使った料理にこの名をつける

コレ coller　仏(動)　ゼラチンを加える；ゼラチンで貼る；濃度をつける

コロレ colorer　仏(動)　色づける；焼き色をつける

コワントロー Cointreau　仏(男)　フランスのコワントロー社が造るオレンジリキュールの商標名

コンカッセ concasser 仏(動) 粗くきざむ

コンキッリア conchiglia 伊(女・単) 貝

コンキッリエ conchiglie 伊(女・複) 貝；貝殻型パスタ

コングル congre 仏(男) アナゴ

コンコンブル concombre 仏(男) キュウリ

コンサントレ concentré 仏(形) 煮つめた，濃縮させた

コンジュレ congeler 仏(動) 冷凍する；濃縮する

コンソメ consommé 仏(男) ブイヨンに旨みを足し，澄ませたスープ

コンテ comté 仏(男) フランシュ・コンテ地方で作られるハードタイプの牛乳チーズ

コンディマン condiment 仏(男) 調味料

コンディマンテ condimenter 仏(動) 調味料を加える

コンディメント condimento 伊(男) ドレッシング，調味料；味付け

コントルノ contorno 伊(男・単)〔コントルニ contorni 伊(男・複)〕付け合わせ，メイン料理に別添えする野菜

- **コンフィ①** confit 仏(男) 脂肪煮；砂糖漬け；酢漬け；(タマネギなどを) とろとろに煮くずれるまで炒めたもの

- **コンフィ②** confit 仏(形・男)〔**コンフィット** confite 仏(形・女)〕 砂糖, 酢, 油などに漬けた；脂肪で煮た

- **コンフィズリー** confiserie 仏(女) 砂糖菓子；砂糖菓子を売る店

- **コンフィテュール** confiture 仏(女) ジャム

- **コンプレ** complet 仏(形) 満席の

- **コンベクション オーヴン** convection oven 英(名) ムラが生じないようにファンで庫内をかき混ぜながら焼くオーヴン

- **ゴンボ** gombo(または gonbout) 仏(男) オクラ

- **コンポート** compote 仏(女) シロップ煮；とろとろに煮くずれるまで炒めたタマネギ

- **コンポジション** composition 仏(女) 組み合わせ；混ぜ合わせたもの

- **コンポスタ** composta 伊(女) 砂糖漬けの果物, コンポート

- **コンポゼ** composé 仏(形) 組み合わせた, 複合の

サーレ sale 伊(男) 塩

ザウアークラウト sauer kraut 独(名) 発酵させた塩漬けキャベツ（=**シュークルート** choucroute 仏）

サヴァラン savarin 仏(男) 発酵生地を王冠形の型に流して焼き、シロップに浸してクリームなどで飾った菓子

サヴォヤード savoyarde 仏(形・女)〔**サヴォヤール** savoyard 仏(形・男)〕〈ア・ラ・サヴォヤードで〉サヴォア地方風の

ザッフェラーノ zafferano 伊(男) サフラン

ザバイオーネ zabaione 伊(男) 卵黄，砂糖，マルサラなどの甘い酒で作るソース（=**サバイヨン** sabayon 仏）

サバイヨン sabayon 仏(男) 卵黄と砂糖を温めながら混ぜ、酒でのばしてクリーム状にしたもの（砂糖を入れずに仕立て、ソースとすることもある）（=**ザバイオーネ** zabaione 伊）

サフラン safran 仏(男) クロッカスの仲間でメシベを乾燥させて作る、色や香りをつけるスパイス

サブレ sablé 仏(男) バターが豊富に入ったさくさくとしたクッキー

サラーミ salami 伊(男・複)〔**サラーメ** salame 伊(男・単)〕サラミソーセージ

サラザン sarrasin 仏(男) ソバ（＝**ブレ・ノワール** blé noir 仏）

サラド salade 仏(女) サラダ，サラダ菜

サラマンドル salamandre 仏(女) 焼き色をつけるための上火だけのオーヴン

サラミ→サラーミ

サリエット sarriette 仏(女) シソ科のハーブ。キダチハッカ（＝**セイヴォリー** savory 英）

サルーミ salumi 伊(男・複)〔**サルーメ** salume 伊(男・単)〕塩漬け肉，畜肉加工品

サルヴィア salvia 伊(女) 花のサルビアと同じ仲間の香草（＝**セージ** sage 英／**ソージュ** sauge 仏）

サルサ salsa 伊(女) ソース

サルサ アグロドルチェ salsa agrodolce 伊(女) 甘酢ソース

サルサ ディ ポモドーロ salsa di pomodoro 伊(女) トマトソース

サルサ ボロニェーゼ salsa bolognese 伊(女) ミートソース

サルシフィ salsifis 仏(男) 西洋ゴボウ

サルシッチャ salsiccia 伊(女・単)〔**サルシッチェ**

salsicce 伊（女・複）〕 ソーセージ，腸詰め

サルセル sarcelle 仏（女） コガモ（小さい鴨ではなく鴨の仲間のひとつ）

サルティンボッカ saltimbocca 伊（男・不変） 薄切りにした仔牛肉に生ハムとセージを貼りつけてソテーした料理

サルディーヌ sardine 仏（女） イワシ

サルピコン salpicon 仏（男） 小さなさいの目に切った素材を混ぜ合わせたもの

サルミ salmis 仏（男） 野鳥獣などの肉の煮込み

サレ salé 仏（形） 塩をした，塩漬けの，塩蔵の；塩からい

サン sang 仏（男） 血

サンギーヌ sanguine 仏（女） ブラッドオレンジ

サングリア sangria 西（女） 赤ワインにオレンジ、レモン、ラム酒、ソーダ水などを加えて作る飲みもの

サンジェ singer 仏（動） 小麦粉をふり入れる，小麦粉をふる

サンジェルマン Saint-Germain 仏（固） 〈ア・ラ・サンジェルマンで〉サン・ジェルマン風（エンドウマメを使った料理やソース・ベアルネーズを使った料理につけられる）

サンジャック Saint-Jacques 仏(女) (コキーユ サン・ジャックの略で) ホタテガイ

サント・モール sainte-maure 仏(男) 芯にワラを通した円柱状の山羊のチーズ

サンドレ cendré 仏(男) 灰の中で熟成させたチーズ

サン・ピエール saint-pierre 仏(男・不変) マトウダイ

ザンポーネ zampone 伊(男) 豚の足の皮に詰めものをしたソーセージ

シーザー サラダ Caesar salad 英(名) (メキシコのホテル「シーザーズパレス」で発明された) ロメインレタスのサラダ

シードル cidre 仏(男) シードル，リンゴ酒

シェーヴル chèvre 仏(女) ヤギ；雌ヤギ；ヤギ乳のチーズ

シヴェ civet 仏(男) (赤ワインで煮て血でつないだ) 野鳥獣の煮込み

ジェジェ gésier 仏(男) 砂肝

ジェノワーズ génoise 仏(女) 全卵、砂糖を泡立てて、小麦粉を加えて焼くスポンジケーキ

シェフ chef 仏(男) コック長，料理長

シェフ・ド・パルティ chef de partie 仏(男) 部門シェフ

シェフ・ド・ラン chef de rang 仏(男) ボーイ長

ジェラート gelato 伊(男) 氷菓

ジェラティーナ gelatina 伊(女) ゼラチン, ゼリー；煮こごり, ゼリー寄せ（＝ジュレ gelé 仏）

ジェラティーヌ gélatine 仏(女) ゼラチン

ジェラティネ gélatiner 仏(動) ゼリー液をぬる, ゼラチンを加える

シェリー sherry 英(名) シェリー酒（＝ケレス xérès 仏／ジェレーズ jerez 仏）

ジェレーズ jerez 仏(男) シェリー酒（＝ケレス xérès 仏）

ジゴ gigot 仏(男) （仔羊、羊の）もも肉

シコレ chicorée 仏(女) エンダイブ

シズレ ciseler 仏(動) （野菜を）細かくきざむ；切り込みを入れる

シトロネ citronner 仏(動) レモン汁をかける

シトロネル citronnelle 仏(女) レモングラス

シトロン citron 仏(男) レモン（＝リモーネ limone 伊）

シノワ chinois 仏(男) 先の尖ったこし器

ジビエ gibier 仏(男) 野鳥獣

シフォナード chiffonnade 仏(女) (レタス、オゼイユなど) 細く帯状にきざんだ野菜

シブレット ciboulette 仏(女) ごく細いネギで香草の一種 (=チャイブ chive 英)

シャテーニュ châtaingne 仏(女) クリ

シャトー chateau 仏(男・単) chateaux (男・複) ラグビーボールのような形にむいたイモやカブ

シャトーブリヤン chateaubriand (または châteaubriant) 仏(男) 牛のフィレ肉の太くて柔らかい部分

シャプリュール chapelure 仏(女) パン粉

シャポー chapeau 仏(男・単) chapeaux (男・複) 帽子;(パイの) 蓋;キノコの傘

シャポン chapon 仏(男) 去勢鶏 (=カッポーネ cappone 伊)

シャリアピン Shalyapin 露(固) ロシアの歌手。タマネギのみじん切りをのせた帝国ホテル創案のステーキにその名がつけられる

シャリヨ chariot 仏(男) ワゴン

シャルキュティエ charcutier 仏(男) 〔シャルキュ

ティエール charcutière 仏(形・女)〕豚肉加工業者；〈ア・ラ・シャルキュティエールで〉シャルキュティエ風（ソース・ロベールにピクルスを加えたソースを用いる料理につけられる）

シャルキュトリー charcuterie 仏(女) 豚肉製品；豚肉加工品店, 総菜店（＝**デリカテッセン** delicatessen 英）

ジャルディニエール jardinière 仏(形・女) 〈ア・ラ・ジャルディニエールで〉園芸家風；ニンジン、カブ、サヤインゲンを小さな棒状に切ったもの

シャルトリューズ chartreuse 仏(女) グルノーブルのシャルトリューズ修道院に製法が伝わる薬草リキュール

シャルロット charlotte 仏(女) ビスキュイやパンを貼りつけた型にムースやクリームを流して作る菓子

ジャレ jarret 仏(男) （仔牛や羊の）すね肉

ジャンジャンブル gingembre 仏(男) ショウガ

ジャンデューヤ→ジャンドゥージャ

ジャンドゥージャ gianduja 仏(男) 空煎りしたアーモンドやヘーゼルナッツを、砂糖、カカオバター、チョコレートと一緒に練ったペースト

シャントレル chanterelle 仏(女) アンズタケ（キノコの一種）

- **シャンパーニュ** champagne 仏(男) シャンパーニュ地方産の発泡性ワイン，シャンパン

- **シャンピニョン** champignon 仏(男) キノコの総称；シャンピニョン・ド・パリ（マッシュルーム）のこと

- **シャンブル** chambre 仏(女) 部屋；倉庫

- **シャンブレ** chambrer 仏(動) 室温にする

- **ジャンボン** jambon 仏(男) 豚の後ろもも肉；(もも肉を使った) ハム

- **ジュ** jus 仏(男) 汁，搾り汁；肉汁；だし汁；焼き汁，煮汁

- **シュー** chou 仏(男・単)choux(男・複) キャベツ；シュー生地で作る菓子

- **ジュー** joue 仏(女) ほほ肉

- **シュークルート** choucroute 仏(女) 発酵させた塩漬けキャベツ（=**ザウアークラウト** sauerkraut 独）

- **シュー ド サヴォア** chou de Savoie 仏(男) チリメンキャベツ，サボイキャベツ（=**カーヴォロ・ヴェルツア** cavolo verza 伊）

- **シュー ド ブリュッセル** chou de Bruxelles 仏(男) 芽キャベツ（=**カーヴォロ ディ ブリュッセル** cavolo di Bruxelles)

シュー ド ミラン chou de Milan 仏(男) チリメンキャベツ，サボイキャベツ（=**カーヴォロ・ヴェルツア** cavolo verza 伊）

シュー フリゼ chou frisé 仏(男) ケール；チリメンキャベツ

シュー・フルール chou-fleur 仏(男) カリフラワー

シュー・ラーヴ chou-rave 仏(男) キャベツの仲間の根菜。カブカンラン（=**コールラビ** kohlrabi 英）

シュヴルイユ chevreuil 仏(男) ノロジカ

シュエ→スュエ

シュク suc 仏(男) 汁；鍋底に焼きついた肉や野菜の旨み

シュクル sucre 仏(男) 砂糖

シュクル フィレ sucre filé 仏(男) 糸状の飴

ジュスト キュイ juste cuit 仏(句) ちょうどよく火が入った

ジュニエーヴル genièvre 仏(男) ネズの実（ジンの風味づけに使う香辛料）（=**ジュニパーベリー** juniper berry 英）；ジン（蒸留酒の一種）

ジュネーブル→ジュニエーヴル

シュミゼ chemiser 仏(動) 型の内側に生地，野菜

を張る，ジュレを流す

ジュリエンヌ julienne 仏(女) （おもに野菜の）せん切り

ショー chaud 仏(形・男)〔**ショード** chaude 仏(形・女)〕 熱い

ショーソン chausson 仏(男) 中にジャムやマーマレード、きざんだ肉や魚などを詰める、折り込みパイ生地で作った半月型のパイ

ショーフェ chauffer 仏(動) 温める，熱する；温まる，熱くなる

ショー・フロワ chaud-froid 仏(男) クリーム系のソースをかける、鶏や魚の冷製料理の一種

ジョーヌ jaune 仏(形) 黄色の 仏(男) 黄色；卵黄

ショコラ chocolat 仏(男) チョコレート

シルバー silver 英(名) ナイフ、フォーク、スプーンひと揃いのこと（=**カトラリー** cutlery 英）

シルパット silpat 仏(男) シリコンとグラスファイバーで作られたベーキングシートの商標名

ジロフル girofle 仏(男) 丁字，クローヴ

ジロール girolle 仏(女) アンズタケ

ジン gin 英(名) ジン（蒸留酒の一種）

スィフォン siphon 仏(男) 液体を泡状に加工するスプレーに似た調理器具

スー・ヴィッド sous-vide 仏(形) 真空の；〈キュイジーヌ・スー・ヴィッドの略で〉真空調理

スー・シェフ sous-chef 仏(男・単) 副料理長

スーゴ sugo 伊(男) (野菜や果実の)汁, 肉汁, ソース

スーゴ ディ カルネ sugo di carne 伊(男) 濃縮した肉のだし（ソースのベース）

スービース Soubise 仏(形・不変) 〈18世紀の元帥の名にちなんで〉スービーズ風（タマネギを蒸し煮にし、ベシャメルソースなどを加えたペーストを用いる）

スーピエール soupière 仏(女) スープポット

スープ soupe 仏(女) スープ

スカモルツァ scamorza 伊(女) カンパーニャ州の裂けるタイプの牛乳チーズ

スカロッピーナ scaloppina 伊(女・単)〔**スカロッピーネ** scaloppine 伊(女・複)〕薄切り（＝**エスカロップ** escalope 仏）

スカロール scarole 仏(女) 広葉のエンダイブ（＝**エスカロール** escarole 英）

スカンピ scampi 伊(男・複)〔**スカンポ** scampo

伊(男・単)〕 アカザエビ（＝**ラングスティーヌ** langoustines 仏）

スキマー skimmer 英(名) 泡すくい，穴じゃくし，網じゃくし

スケッパー 日(名) （英語のスクレーパーの訛りで、柄がない）へら（＝**コルヌ** corne 仏）

スコルソネール scorsonère 仏(女) 西洋黒ゴボウ

スコルツォネーラ scorzonera 伊(女) 西洋黒ゴボウ（＝**スコルソネール** scorsonère 仏）

スタジエ→**スタジエール**

スタジエール stagiaire 仏(男女同型) 研修生

スチーム コンベクション オーヴン steam convection oven 英(名) 蒸気発生機能のついた対流式オーヴン。ファンで風をおこして焼きむらのないように焼くほか、蒸気で低温調理ができる

スチコン→**スチーム コンベクション オーヴン**

ズッカ zucca 伊(女)〔**ズッケ** zucche 伊(女・複)〕 カボチャ

ズッキーニ zucchini 伊(男・複)〔**ズッキーノ** zucchino 伊(男・単)〕 ズッキーニ（南部の発音ではツッキーニ）（＝**クールジェット** courgette 仏）

ズッケロ zucchero 伊(男) 砂糖（南部の発音ではツッケロ）

ズッコット zuccotto 伊(男) フィレンツェの菓子。ドーム形でスポンジの間にココア風味のクリームなどを詰めて凍らせたもの（南部の発音ではツッコット）

ズッパ zuppa 伊(女) スープ（南部の発音ではツッパ）

スティルトン stilton 英(名) イギリス中部産の青かび牛乳チーズ

スティンコ stinco 伊(男・単)〔**スティンキ** stinchi 伊(男・複)〕仔牛などのすね肉

ストーヴ stove 英(名) 暖炉；オーヴン

ストゥファート stufato
伊(形) シチューにした，蒸し煮にした
伊(男) 蒸し煮

ストッカフィッソ stoccafisso 伊(男) （塩漬けしていない）干ダラ

ストラコット stracotto
伊(形) 煮すぎた，焼きすぎた；充分に調理した
伊(男) 肉の煮込み料理

ストルット strutto 伊(男) 豚の脂，ラード

ストロガノフ Stroganoff 仏(固) 18世紀のロシアの資産家。その名をとったロシア発祥の牛肉のタ

マネギ、シャンピニョンとクリームの煮込み料理

スパークリング ワイン sparkling wine 英(名) 発泡性のワイン

スパゲッティ spaghetti 伊(男・複) スパゲッティ

スパチュラ spatula 英(名) へら；しゃもじ；フライ返し；パレットナイフ（= **スパテュール** spatule 仏）

スパテュール spatule 仏(女) へら；しゃもじ；フライ返し；パレットナイフ（= **スパチュラ** spatula 英）

スピーゴラ spigola 伊(女) シーバス（スズキに似た魚）（= **バール** bar 仏）

スピナーチ spinaci 伊(男・複)〔**スピナーチォ** spinacio 伊(男・単)〕ホウレン草（= **エピナール** épinard 仏）

スプーマ spuma 仏(女) 亜酸化窒素ガスや炭酸ガスを使ってムース状にした料理（= **エスプーマ** espuma 西）

スフォルマート sformato
  伊(形) 型から抜いた
  伊(男) 具材をベシャメルソースなどと一緒に型に入れて、オーブンで焼いた料理

スプマンテ spumante 伊(男) スパークリングワイン

スプラウト sprout 英(名)　カイワレダイコンのような新芽を食べるタイプの野菜

スフレ soufflé　仏(形)　ふくらんだ
仏(男)　肉や魚,果物などのペーストに泡立てた卵白を加えて型に流して焼いた料理

スプレッド spread　英(名)　ぬるタイプのソース

スペシャリテ spécialité　仏(女)　自慢の料理,特別料理；専門

スポンジ sponge　英(名)　スポンジ（＝**エポンジュ** éponge 仏）

スムール semoule　仏(女)　セモリナ粉

スュエ suer　仏(動)　（素材の持つ水分をしみ出させて）蒸すように炒める,汗をかかせるように炒める

スュプレーム suprême
仏(形・男女同型)　最上の；最後の
仏(男)　ささ身,胸肉,（ヒラメなどの）フィレ

スリーズ cerise　仏(女)　サクランボ

セージ sage　英(名)　サルビア（＝**ソージュ** sauge 仏／**サルヴィア** salvia 伊）

セーグル seigle　仏(男)　ライ麦

セーシュ seiche　仏(女)　甲イカ（＝**セッピア** seppia 伊）

セーシュ sèche 仏(形・女) 乾燥した；辛口の

セーダノ sedano 伊(男) セロリ（＝**セルリ** céleri 仏）

セープ cèpe 仏(男) ヤマドリタケ（＝**ポルチーニ** porcino 伊）

セーモラ semola 伊(女) 粗挽き；セモリナ粉

セコンド ピアット secondo piatto 伊(男・単) 二番目の皿，メインディッシュ

セザーム sésame 仏(男) 胡麻

セジール saisir 仏(動) 強火で表面を手早く焼き固める

セシェ sécher 仏(動) 乾かす

ゼステ zester 仏(動) 柑橘の皮をむく

ゼスト zeste 仏(男) レモン，オレンジの皮

セック sec 仏(形・男) 乾燥させた；辛口の

セッコ（～キ・複） secco (～chi) 伊(形・女)〔**セッカ（～ケ・複）** secca (～che) 伊(形・男)〕乾いた
伊(男) 辛口ワイン

セッピア seppia 伊(女) 甲イカ（＝**セーシュ** seiche 仏）

セップ→セープ

セニャン saignant 仏（形・男）〔**セニャント** saignante 仏（形・女）〕（血がしたたるような）生焼けの（＝**レア** rare 英）

セバスト sébaste 仏（男） メバル，メヌケ（＝**レッドフィッシュ** redfish 英）

セパレ séparer 仏（動） 分ける，切り離す，（卵白と卵黄を）分離する

セミフレッド semifreddo 伊（男） （"半分冷たい"という意味で）スポンジなどとアイスクリームを組み合わせた菓子

セモリーナ semolina 英（名） 硬質小麦の粉

セル① sel 仏（男） 塩

セル② selle 仏（女） （仔羊、仔牛、鹿などの）鞍下肉（牛のサーロインにあたる部位）（＝**サドル** saddle 英）

セルヴァーティコ（～キ・複） selvatico(～chi) 伊（形・男）〔**セルヴァーティカ（～ケ・複）** selvatica(～che) 伊（形・女）〕 野生の，自然な

セルヴィエット serviette 仏（女） ナプキン

セルヴィス service 仏（男） サービス，給仕；食器などのセット，組；（料理の）皿数

セルヴェル cervelle 仏（女） 脳ミソ

セルクル cercle 仏(男) 円；丸い抜き型

セルバーチコ→セルヴァーティコ

セルフィーユ→セルフイユ

セルフイユ cerfeuil 仏(男) セリ科のハーブ。ウイキョウゼリ（＝チャービル chervil 英）

セルリ céleri 仏(男) セロリ（＝セーダノ sedano 伊）

セルリアック celeriac 英(名) 根セロリ（＝セルリ・ラーヴ céleri-rave 仏／セダノ・ラーパ sedano rapa 伊）

セルリ・ラーヴ céleri-rave 仏(男) 根セロリ（＝セルリアック celeriac 英／セダノ・ラーパ sedano rapa 伊）

ソヴァージュ sauvage 仏(形) 野生の；粗野な

ソーシエ saucier 仏(男) ソース係

ソーシス saucisse 仏(女) 小型の腸詰

ソーシソン saucisson 仏(男) 大型の腸詰（乾燥熟成、あるいは燻製にする場合が多い）

ソージュ sauge 仏(女) サルビア（＝セージ sage 英／サルヴィア salvia 伊）

ソース sauce 仏(女) ソース

ソース アメリケーヌ sauce americaine 仏(女) （アメリケーヌは"アメリカ風"の意味）甲殻類のソース

ソース アルベール sauce Albert 仏(女) （アルベールはヴィクトリア女王の夫）ホースラディッシュとマスタードのクリームソース

ソース アルマンド sauce allemande 仏(女) （アルマンドは"ドイツ風"の意味）ソース・ヴルーテをフォンや卵黄などでつないだもの

ソース アングレーズ sauce anglaise 仏(女) （アングレーズは"イギリス風"の意味）卵黄、牛乳、砂糖で作ったバニラ風味のソース。クレーム・アングレーズともいう

ソース エスパニョル sauce espagnole 仏(女) （エスパニョルは"スペイン風"の意味）茶色く炒めたルーに茶色のだし、香味野菜、トマトを加えて作るソース

ソース オーロール sauce aurore 仏(女) オーロラソース。ソース・スュプレームにトマト少量を加えて赤くしたもの

ソース オランデーズ sauce hollandaise 仏(女) （オランデーズは"オランダ風"の意味）水、卵黄、澄ましバター、レモン汁などで作るマヨネーズ状の温製ソース

ソース グラン ヴヌール sauce grand veneur 仏(女) （グランヴヌールは"王室の狩猟係"の意味）ジビエのソース

- **ソース シャスール** sauce chasseur 仏(女) （シャスールは"猟師"の意味）シャンピニョンの薄切り、エシャロットを炒めて、白ワイン、ドゥミグラスを加えて作るソース

- **ソース スュプレーム** sauce suprême 仏(女) 鶏のヴルーテと生クリームで作る白いソース

- **ソース ブール・ブラン** sauce beurre blanc 仏(女) エシャロットを白ワインで煮つめ、バターを加えたソース

- **ソース ベアルネーズ** sauce béarnaise 仏(女) エシャロット、エストラゴン、コショウ、塩、酢を煮つめ、卵黄、バターを加えてきざんだエストラゴンとセルフイユを加えた濃度の濃いソース

- **ソース ベシャメル** sauce Béchamel 仏(女) （ルイ14世の時の給仕担当者、マルキス・ド・ベシャメイユ侯爵が考案したといわれる）白いルーを牛乳でといたソース

- **ソース ペリグー** sauce Périgueux 仏(女) （ペリグーはペリゴール地方の都市名）フォンやマデーラ酒などにトリュフを加えて煮たソース

- **ソース ベルシー** sauce Bercy 仏(女) （パリ左岸の地名から）エシャロット、バター、ワイン、魚のだしで作る魚料理用ソース

- **ソース ボルドレーズ** sauce bordelaise 仏(女) 赤ワイン風味のソース

- **ソース ポワヴラード** sauce poivrade 仏(女) コシ

ョウの辛みを加えたソース。赤身の猟獣肉などに添える

ソース ムースリーヌ sauce mousseline 仏(女) ソース・オランデーズに卵白や生クリームを加えたもの

ソース モルネー sauce Mornay 仏(女) (モルネーは19世紀末の料理人名) ソース・ベシャメルに卵黄とおろしたグリュイエルチーズを加えたソース

ソース ロベール souse Robert 仏(女) タマネギ、白ワイン、デミグラス、マスタードなどから作るソース

ソーテ① sauté 仏(形) ソテーした，炒めた

ソーテ② sauter 仏(動) ソテーする，炒める

ソーテルヌ sauternes 仏(男) ボルドーの貴腐甘口白ワイン

ソートゥーズ sauteuse 仏(女) 縁が斜めになった浅いソテー用鍋，フライパン

ソートワール sautoir 仏(男) 縁が垂直でさほど深くないソテー用鍋，ソテーパン

ソーモン saumon 仏(男) サケ

ソール sole 仏(女) 舌ビラメ

ソジャ soja 仏(男) 大豆

ソットーリオ sottolio（または sott'olio）　伊（形・不変）　油漬けの

ソッフリット soffritto
　　伊（形）　さっと炒めた，軽く揚げた
　　伊（男）　タマネギ，ベーコンなどを炒めたもの

ソテー→ソーテ

ソミュール saumure　仏（女）　（香辛料などを加えた）塩漬け用の塩水

ソムリエ sommelier　仏（男）　ワイン係

ソ・リ・レス sot-l'y-laisse　仏（男・不変）　鶏の腰骨のくぼみにある上質な肉

ソルベ sorbet　仏（男）　氷菓，シャーベット

ターブル table 仏(女) テーブル

ターナー turner 英(名) フライ返し

ターメリック turmeric 英(名) ウコン（香辛料の一種）（＝**キュルキュマ** curcuma 仏）

タイエ tailler 仏(動) 形を整えて切る

タヴェルナ taverna 伊(女) 軽食堂，居酒屋

タジーヌ tajine 仏(男) 北アフリカの円錐形の蓋つき鍋；タジーヌ鍋で作る煮込み料理

タス tasse 仏(女) （取っ手のついた）碗，カップ

タブーレ taboulé 仏(男) クスクスや粗挽き小麦を使った中東起源のサラダ料理

タプナード tapenade 仏(女) ケイパー、アンチョビー、黒オリーブをすりつぶし、オリーブ油、レモン汁で調味した黒いペースト（プロヴァンス地方の調味料）

タブリエ tablier 仏(男) 前掛け，エプロン

タミ tamis 仏(男) 裏ごし器，ふるい

タミゼ tamiser 仏(動) 裏ごしにかける，ふるいにかける

ダムウェイター dumbwaiter 英(名) 料理を運ぶ小型エレベーター

タラゴン tarragon　英(名)　ヨモギの仲間の香草の一種

タリアティーニ tagliatini　伊(男・複)　(トスカーナ地方の)細めのタリアテッレ

タリアテッレ tagliatelle　伊(女・複)　平打ちパスタ

タリエリーニ taglierini　伊(男・複)　細めのタリアテッレ (=**タリオリーニ** tagliolini 伊)

タリオリーニ tagliolini　伊(男・複)　細めのタリアテッレ (=**タリエリーニ** taglierini 伊)

タリフ tarif　仏(男)　料金；料金表

タルタール tartare
　仏(形)　タタール風
　仏(男)　(生肉を刃叩きした)タルタルステーキ

タルト tarte　仏(女)　円形の生地に果物やクリームをのせた菓子；パイケースに野菜や肉をのせた料理

タルト タタン tarte Tatin　仏(女)　(タタン女史考案といわれる)砂糖、リンゴ、バターを型に入れて折り込みパイ生地で覆って焼くタルト

タルトゥーフォ tartufo　伊(男)　トリュフ

タルトレット tartelette　仏(女)　小型のタルト

タレッジオ taleggio　伊(男)　ロンバルディア地方タレッジオ渓谷原産のウォッシュタイプの牛乳チ

ーズ

タン thym 仏(男) シソ科の香草の一種。タチジャコウソウ（＝**タイム** thyme 英）

ダンド dinde 仏(女) 雌の七面鳥

ダンドノー dindonneau 仏(男・単)dindonneaux(男・複) 七面鳥のひな鳥

ダン・ド・リオン dent-de-lion 仏(女) タンポポ（直訳すれば"ライオン"の歯で形からきた命名。複数形は dents-de-lion）

タンドロン tendron 仏(男) （牛の）バラ肉の中央部

タンバル timbale 仏(女) 広口の焼き型；盛りつけ用の平皿（タンバル皿）；料理や菓子の仕立てかた（タンバル皿やパイケースに詰める）

タン・プール・タン tant-pour-tant 仏(男) 粉末アーモンドと砂糖を同割で合わせたもの

チーマ ディ ラーパ cima di rapa 伊(女) 菜の花

チェーチ ceci 伊(男・複) ヒヨコ豆, エジプト豆（＝**ガルバンゾ** garbanzo 西）

チェードロ cedro 伊(男) シチリア特産のレモンに似た大型の柑橘類

チェダー cheddar 英(名) イギリスのチェダー村原産のセミハードタイプの牛乳チーズ

チェトリオーロ cetriolo 伊(男) キュウリ

チエド→ティエド

チェルヴェッロ cervello 伊(男) 脳ミソ

チコーリア cicoria 伊(女) チコリ，ベルギーチコリ（＝アンディーヴ endive 仏）

チブレーオ cibreo 伊(男) 鶏の内臓の煮込み

チポッラ cipolla 伊(女) タマネギ（＝オニョン oignon 仏）

チポッリーナ cipollina 伊(女) 小タマネギ

チポッロット cipollotto 伊(男) 太い茎状の葉タマネギ

チャービル chervil 英(名) ウイキョウゼリ（＝セルフイユ cerfeuil 仏）

チャイブ chive 英(名) エゾネギ，西洋アサツキ（＝シブレット ciboulette 仏）

チャットニー chutney 英(名) インド起源のペースト状ジャム。果物に香辛料、酢などを混ぜて作られる

チャツネ→チャットニー

チュイル→テュイル

チュルボ→テュルボ

チョッコラート cioccolato 伊(男) チョコレート

テ thé 仏(男) 茶

デ dé 仏(男) さいの目

ディアーヴォラ diavola 伊(形) 〈アッラ・ディアーヴォラで〉悪魔風の（トウガラシ風味の料理に用いることが多い）

ディアーブル diable 仏(男) 〈ア・ラ・ディアーブルで〉悪魔風の

ティエド tiède 仏(形) なま温かい，ぬるい

ティザーヌ tisane 仏(女) ハーブティ

ディジェスティフ digestif 仏(男) （消化促進のための）食後酒

ディップ dip 英(名) クリーム状のソース

ディネ dîner 仏(男) 夕食，ディナー

ディプロマート diplomate 仏(男) 〈ア ラ ディプロマートで〉外交官風の

ティラミス tiramisu 伊(男) マスカルポーネチーズをベースにした菓子

ディル dill 英(名) ウイキョウの仲間の香草。スウェーデンパセリ（＝**アネット** aneth 仏）

テート tête 仏(女) 頭肉

デギュスタシヨン dégustation 仏(女) 利き酒，味見

デクーペ découper 仏(動) 切り分ける

デクセル→デュクセル

デクパージュ découpage 仏(男) 切り分け，切り分ける作業

デグラサージュ déglaçage 仏(男) 鍋底のエキスを液体で煮溶かすこと

デグラッセ déglacer 仏(動) 鍋底のエキスを液体で溶かす

デグレッセ degraisser 仏(動) 脂を除く

デゴルジェ dégorger 仏(動) （吐き出すという意味から）水でさらして血抜きする

デコレ décorer 仏(動) 飾る，装飾する

デシャップ 日(名) dish up（ディッシュ アップ＝盛りつける）からきた和製英語。盛りつけ台

デジュネ déjeuner 仏(男) 昼食

デセール dessert 仏(男) デザート

デゾッセ désosser 仏(動) 骨を取り去る

デトランプ détrempe 仏(女) 小麦粉に塩、水を加えてまとめたもの，油脂や卵を加える前の下準備

段階のパート

デネルヴェ dénerver 仏(動) 筋をひく

デプイエ dépouiller 仏(動) 皮をはがす；あくや脂をひく

デミ→ドゥミ

デミグラス→ドゥミ・グラス

デミタス demitasse 英(名) 小型のコーヒー茶碗

テュイル tuile 仏(女) かわら；かわら型の焼き菓子；クレープ用フライパン

デュクセル duxelles 仏(女) シャンピニオン、タマネギ、エシャロットをきざんで炒めたもの。ユクセルという地名（または人名）からきているとも言われ、大文字で Duxelles とつづられることがある

デュグレレ Dugléré 仏(固) 19世紀に活躍した料理人。「ポム・アンナ」や「ソール・デュグレレ」などの料理を作り出した

テュルボ turbot 仏(男) ヒラメの一種（イシビラメ）

デリカテッセン delicatessen 英(名) 持ち帰り総菜販売店

デリス délice 仏(男) 美味；創作料理につける美称

テリーヌ terrine 仏(女) すりつぶした肉や野菜を長くて四角い型に詰め、火を通した料理；テリーヌ用の型

テルミドール thermidor 仏(男) （オマールのテルミドール風の略）縦半分に切ったオマールエビをオーブンで焼き、クリーム系のソースをかけ、チーズをふって再び焼いた料理

テンダーロイン tenderloin 英(名) ヒレ肉（＝フィレ filet 仏）

デンティチェ dentice 伊(男) タイ

ドゥー doux 仏(形・男)〔ドゥース douce 仏(形・女)〕 甘い；味の薄い；淡水の；おだやかな，（火が）弱い

トゥーランジェーヌ tourangelle 仏(形・女)〔トゥーランジョ tourangeau 仏(形・男)〕 〈ア・ラ・トゥーランジェーヌで〉トゥーレーヌ風の

トゥールーゼーヌ toulousaine 仏(形・女)〔トゥールーザン toulousain 仏(形・男)〕 〈ア・ラ・トゥールーゼーヌで〉トゥールーズ風の

ドゥミ demi 仏(形) 二分の一の，半分の 仏(男) 半分

ドゥミ・グラス demi-glace 仏(女) （半煮こごりの意味で）ごく濃い上等のソース・エスパニョル

ドゥミ・セル demi-sel 仏(形・不変) 甘塩の

ドゥミドフ Demidof 仏(固) 19世紀ロシアのドミドフ公。エチュヴェした野菜を使った料理に多くつけられる

トゥルト tourte 仏(女) 上を生地で覆ったパイ

トゥルト tourteau 仏(男・単) tourteaux(男・複) ヨーロッパイチョウガニ

トゥルネ tourner 仏(動) 面取りする；かき回す；裏返す

トーション→トルション

ドーブ daube 仏(女) 蒸し煮鍋で作った煮込み

ドウ dough 英(名) 生地（＝パート pâte 仏）

トック toque 仏(女) コック帽

ドック D.O.C. 伊(句) デノミナツィオーネ・ディ・オリージネ・コントゥロッラータ Denominazione di Origine Controllata（原産地統制名称）の略

トラットリーア trattoria 伊(女) 軽食堂，レストラン

トマティーユ tomatille 仏(女) 食用ホオズキの一種。オオブドウホオズキ

トマティーヨ tomatillo 西(男) オオブドウホオズキ

トマト tomate 仏(女) トマト（＝ポモドーロ pomodoro 伊）

トマト コンサントレ tomates concentrées 仏(女・複) トマトペースト

トマト スリーズ tomate cerise 仏(女) プチトマト

トマピー 日(名) トマトのような形のハンガリー原産の赤ピーマンであるパラディチョン・パプリカを日本で改良した新野菜

ドメスティーク domestique 仏(形) 家の, 家庭の

トピナンブール topinambour 仏(男) キクイモ, トッピーナンポー

ドフィーヌ dauphine 仏(女) 〈ア・ラ・ドフィーヌで〉皇太子妃風

ドフィノワーズ dauphinoise 仏(形・女) ドフィネ地方風

ドラード① daurade 仏(女) (クロダイに似た)タイの一種(=**オラータ** orata 伊)

ドラード② dorade 仏(女) タイの総称

トランシェ tranche 仏(女) 薄切り, ひと切れ；牛のうちもも肉

トリッパ trippa 伊(女) (牛の)胃の総称

トリップ tripes 仏(女・複) (牛、仔牛、羊などの)胃腸

トリモリーヌ trimorine 仏(女) 転化糖の商標名

トリュイット truite　仏(女)　マス

トリュフ truffe　仏(女)　西洋ショウロ(キノコの一種)，トリュフ

トルション torchon　仏(男)　ふきん

トルタ torta　伊(女)　タルト

ドルチェ dolce
　　伊(形)　甘い
　　伊(男)　菓子，ケーキ，デザート

ドレ dorer　仏(動)　黄金色に焼き色をつける；溶き卵を表面にぬる

トレヴィーズ trévise　仏(女)　赤チコリの一種で丸いタイプのもの

ドレッサージュ dressage　仏(男)　盛りつけ

ドレッセ dresser　仏(動)　装う；盛る，盛りつける

トレトゥール traiteur　仏(男)　惣菜屋

トレビス→トレヴィーズ

トレハロース trehalose　英(名)　糖類の1種。保水性が高く，食品の変質を抑える働きがある

トロータ trota　伊(女)　マス

トロンソン tronçon　仏(男)　筒切り，輪切り

トロンペット デ モール trompette-des-morts 仏（女）　クロラッパダケ（＝**トロンペット ド ラ モール** trompette de la mort ともいう）

トン thon　仏（男）　マグロ

トング tongs　英（名）　（パンなどを）はさむ道具，火ばさみ（＝**パンス** pince 仏／**モッレ** molle 伊）

トンノ tonno　伊（男）　マグロ

トンベ tomber　仏（動）　（炒めて野菜の）水分をとばす

ナージュ nage 仏(女) 水泳；〈ア・ラ・ナージュで〉クールブイヨンでエビや貝などをゆでて、そのゆで汁を使ったソースをたっぷりとかけて提供する調理法

ナイフ knife 英(名) 包丁（=**クトー** couteau 仏）

ナイフ レスト knife rest 英(名) ナイフ・フォーク置き

ナヴァラン navarin 仏(男) 羊肉にカブやタマネギ、ニンジンなどを加えて煮込んだ料理

ナヴェ navet 仏(男) カブ（=**ターニップ** turnip 英）

ナヴェット navette 仏(女) アブラナ；舟形の菓子

ナップ nappe 仏(女) テーブルクロス

ナッペ napper 仏(動) ぬる, かける

ナツメグ nutmeg 英(名) ニクズク（=**ミュスカード** muscade 仏）

ナパージュ nappage 仏(男) （料理や菓子の表面にソースやクリームを）ぬること, かけること；菓子の表面にぬり、ツヤをつけるためのジャム

ナプキン napkin 英(名) 食事中に服を汚さないように使う個人用のリネン（=**セルヴィエット** serviette 仏）

ナポリタン napolitain 仏(形・男)〔**ナポリテーヌ**

napolitaine 仏(形・女)〕〈ア・ラ・ナポリテーヌで〉ナポリ風の

ナンテ nantais 仏(形・男)〔**ナンテーズ** nantaise 仏(形・女)〕〈ア・ラ・ナンテーズで〉ナント風の

ナンテュア Nantua 仏(固) リヨンとジュネーブの間にある湖;〈ア ラ ナンチュアで〉エクルヴィスを使った料理

ニソワーズ niçoise 仏(形・女)〔**ニソワ** niçois 仏(形・男)〕〈ア・ラ・ニソワーズで〉ニース風(ニンニク、オリーブ、トマト、アンチョビーなどを多く用いる)

ニニョン Nignon 仏(固) エドワール・ニニョン。19世紀後半〜20世紀前半に活躍した料理人。ロシア、オーストリア皇帝の料理長、アメリカ大統領の料理長を務める

ニョッキ gnocchi 伊(男・複)〔**ニョッコ** gnocco 伊(男・単)〕粉,卵,ジャガイモの裏ごしなどを丸め,ゆでたもの

ヌイユ nouille 仏(女) 麺(=**ヌードル** noodle 英)

ヌーヴェル キュイジーヌ nouvelle cuisine 仏(女) (古典料理に対して '70年代におこった)新傾向の料理

ヌオーヴァ クチーナ nuova cucina 伊(女) (フランスのヌーヴェル・キュイジーヌの流れを受けておこった)新傾向の料理

ヌガー nougat 仏(男)　アーモンドや乾燥フルーツを混ぜ込んである砂糖、水アメ、ハチミツで作った生地；アーモンドの薄切りやきざんだものにカラメルをからめた菓子

ヌガティーヌ nougatine 仏(女)　砂糖、水アメをカラメル状になるまで煮つめてアーモンドなどを加えて薄く延ばした菓子；ジェノワーズの間にプラリネ入りクリームをはさみ、薄切りアーモンドを散らした菓子

ネーヴル naval 英(名)　ネーブルオレンジ

ネージュ neige 仏(女)　雪，淡雪状

ネクタリーヌ nectarine 仏(女)　ネクタリン，ツバイモモ

ノイリー→ノワイー

ノエル Noël 仏(男)　クリスマス〈la fête de Noël（クリスマスの祭り）の省略形の場合は、女性名詞扱いで la Noël〉

ノッチョーラ nocciola 伊(女)　ハシバミの実，ヘーゼルナッツの実

ノルヴェジェンヌ norvégienne 仏(形・女)〔**ノルヴェジャン** norvégien 仏(形・男)〕〈ア・ラ・ノルヴェジェンヌで〉ノルウェー風の

ノルマンド normande 仏(形・女)〔**ノルマン** normand 仏(形・男)〕〈ア・ラ・ノルマンドで〉ノルマンディ風の（バターやリンゴ、シード

ルなどを多く用いる）

ノワ noix　仏（女・不変）　クルミ；クルミ大のもの；仔牛のモモの芯などクルミ形の肉；貝柱

ノワール noir　仏（形）　黒い、黒ずんだ

ノワイー Noilly　仏（男）　ノワイー・プラ社のヴェルモット酒の商標名

ノワゼット noisette　仏（女）　ハシバミの実（＝ヘーゼルナッツ hazel-nut 英）；ハシバミの実くらいの大きさの塊；小さい円形の肉

ノワ ド ココ noix de coco　仏（女）　ココナッツ

パースニップ parsnip 英(名) アメリカボウフウ（= **パネ** panais 仏）

パースレー parsley 英(名) パセリ（= **ペルシ** persil 仏）

パータ グラッセ pâte à glacer 仏(女) コーティング用のチョコレート

パータ シュー pâte à choux 仏(女) シュー生地

パータ フィロ pâte à filo（または pâte à philo） 仏(女)（ギリシア語で葉を指すフィロから）小麦粉で作った薄い紙状の生地

パータ フォンセ pâte à foncer 仏(女) フォンセ生地（甘くない敷き込み生地，練り込みパイ生地）

パータ ブリック pâte à brik 仏(女)（チュニジア料理のブリックに使う生地から）小麦粉で作った薄い紙状の生地

パータ ボンブ pâte à bombe 仏(女) ボンブ生地（卵黄にシロップを加えながら火にかけ泡立てたもの）

パート pâte 仏(女) 生地，ペースト状のもの（= **ペースト** paste 英）；（複数形で）パスタ，麺

パート シュクレ pâte sucrée 仏(女) シュクレ生地（甘い練り込みパイ生地）

パート・ダマンド pâté d'amande 仏(女) アーモンドの粉末に砂糖を混ぜたペースト，マジパン

パート ド フリュイ pâte de fruits 仏(女) フルーツゼリー

パート ブリゼ pâte brisée 仏(女) ブリゼ生地（敷き込み用練り込みパイ生地）

バーニャ・カウダ bagna-cauda 伊(女) ニンニクとアンチョビーで風味づけした熱いオイルに野菜をつけて食べるピエモンテ料理

パーネ pane 伊(男) パン，ケーキ

バーミックス→バミックス

バール bar 仏(男) 酒場，バー；シーバス（スズキに似た魚）（= **スピーゴラ** spigola 伊）

パイヤソン paillasson 仏(男) 靴ふきマット；リヨネ地方の郷土料理のジャガイモで作った平らなパンケーキ

パイユ paille 仏(女) わら，麦わら；長めの拍子木の形

パイレックス pyrex 英(名) 耐熱ガラスの商標名

バヴァロワ bavarois 仏(男) クレーム・アングレーズや果物のピューレにゼラチンと泡立てたクリームを加えて冷やし固めた菓子

パヴェ pavé 仏(男) 敷石，敷石状のもの；四角い菓子，四角い型にムースなどを流した冷製料理

バヴェット bavette 仏(女) サーロインの下の上方

腹部肉

パエージャ paella 西(女) 肉や野菜、甲殻類とともに米を炒め煮にし、サフランで風味づけした料理

パエーリャ→パエージャ

バゲット baguette 仏(女) 細長いフランスパン

パコジェット pacojet 仏(男) 冷凍した素材用ミキサーの商標

バサン bassin 仏(男)〔バシーヌ bassine 仏(女)〕 ボウル

バジリコ→バズィーリコ

バジリック basilic 仏(男) バジリコ(=バジル basil 英)

バジル basil 英(名) バジリコ(=バジリック basilic 仏)

バズィーリコ basilico 伊(男) バジリコ(=バジル basil 英)

パスタ pasta 伊(女) 麺類；生地(=パート pâte 仏)

パスティス pastis 仏(男) アニスと甘草で香りをつけた食前酒

パスティッチェリーア pasticceria 伊(女) 菓子

（＝ペストリー pastry 英）；菓子店

パセポン 日(名)　パセリのみじん切りの符丁

パソワール passoire　仏(女)　水切りかご；こし器

パタータ patata　伊(女)　ジャガイモ（＝**ポム ド テール** pomme de terre 仏）

パタート ドゥース patate douce　仏(女)　サツマイモ

バタール bâtard　仏(男)　バゲットとパリジャンの中間の太さのフランスパン

パッパルデッレ pappardelle　伊(女・複)　極幅広の平打ちパスタ

パテ pâté　仏(男)　肉や野菜を挽いて、卵などでつないだ詰めもの。生地で包んでテリーヌ型などに詰めて焼く；(先の説明の) 詰めものを使った料理

パティシエ pâtissier　仏(男)　菓子職人

パテスエ→**パティシエ**

パティスリー pâtisserie　仏(女)　菓子店；生地を使って焼いた菓子

バッカラ baccalà　伊(男)　開いて塩漬けにしたタラ

パッサータ passata　伊(女)　粗く裏ごししたトマト

パッセ passer 仏(動) こす，裏ごしする，ふるいにかける；動かす，運ぶ；炒める（油に通す），粉をまぶす（粉に通す）

バッティトゥーラ battitura 伊(女) 肉の切り身を叩くこと

バットル battre 仏(動) 打つ，叩く，かき立てる

バトネ bâtonnet 仏(男) 小さい棒，（切り整えた野菜など）棒状のもの

バナーヌ banane 仏(女) バナナ

パナード panade 仏(女) ファルスのつなぎに用いられる粉、水、油脂を混ぜたもの；パン、バター、水、ブイヨンで作られるスープ

パナシェ panaché 仏(形) 取り合わせた，混ぜ合わせた，盛り合わせた

パニーニ panini 伊(男・複)〔パニーノ panino 伊(男・単)〕小さい丸形のパン

バニーユ→ヴァニーユ

パニエ panier 仏(男) ザル；かご

バニュルス banyuls 仏(男) ルション地方の酒精強化甘口ワイン

パネ paner 仏(動) パン粉をまぶす

パネ panais 仏(男) アメリカボウフウ（＝パース

ニップ parsnip 英〕

パネットーネ panettone 伊(男) 円筒形をしたミラノのクリスマス用パン

バノン banon 仏(男) アルプ・ド・オート・プロヴァンス地方のバノン村周辺で作られるクリの葉で包んだ山羊乳チーズ

パパユ papaye 仏(女) パパイヤ

パピヨット papillote 仏(女) 紙包み焼き；紙包み焼き用の硫酸紙；あばら肉やモモ肉の骨の先につける切れ込みを入れた紙飾り

バプール→ヴァプール

パプリカ paprika 仏(男) 辛みの少ないハンガリーのトウガラシ；(オランダ産の日本向け商品の愛称から) 大型のカラーピーマン

バミセル→ヴェルミセル

バミチェリ→ヴェルミチェッリ

バミックス bamix 仏(男) ハンディタイプのミキサーの商標名

バリグール barigoule 仏(女) アカモミタケの仲間；アーティチョークの根元にキノコのファルスを詰めた料理

パリジャン parisien
　　仏(形・男)〔**パリジェンヌ** parisienne 仏(形・

女）〕 パリの
仏(男)　太めのバゲット

バルデ barder　仏(動)　豚の背脂の薄切りを巻く，貼る

バルド barde　仏(女)　豚の背脂の薄切り

バルバビエートラ barbabietola　伊(女)　テンサイ（＝ベトラーヴ betterave 仏／ビーツ beet 英）

バルバリー barbarie　仏(女)　未開；（カナール・ド・バルバリーで）バルバリー種の鴨，バリケン

バルビュ barbue　仏(女)　ヒラメの一種（＝ブリル bril 英）

パルファン parfum　仏(男)　香り

パルフェ parfait　仏(男)　卵黄、シロップに泡立てた生クリーム、フルーツのピューレなどを混ぜて冷やし固めるアイスクリーム

パルフュメ parfumé　仏(形)　香りをつけた，香りのよい

パルミジャーノ parmigiano　伊(男)　パルマ産の超硬質チーズ，パルメザンチーズ（正式にはパルミジャーノ・レッジャーノ parmigiano reggiano）

パルメザン parmesan　英(名)　パルミジャーノの英語圏での呼び方；アメリカなどで作られるパルミジャーノ風チーズや粉チーズ

パレット ナイフ palette knife 英(名)　パレットナイフ（＝**フロスティング スパチュラ** frosting spatula 英／**アイシング スパチュラ** icing spatula 英）

バロティーヌ ballottine 仏(女)　肉に詰めものをして筒状に丸め，煮た料理

パン① pain 仏(男)　パン；肉や野菜を型に入れてオーヴンで焼いた料理

パン② pan 英(名)　フライパン，ソテーパン

バンケ banquet 仏(男)　宴会

バンケット banquet 英(名)　宴会

パンス pince 仏(女)　（エビやカニの）はさみ；はさむ道具（＝**トング** tongs 英／**モッレ** molle 伊）

パンソー pinceau 仏(男・単) pinceaux 仏(男・複)　刷毛，筆，ブラシ

パンタード pintade 仏(女)　ほろほろ鳥

パンタドー pintadeau 仏(男・単) pintadeaux (男・複)　ほろほろ鳥のひな

パンチェッタ pancetta 伊(女)　豚のバラ肉；豚のバラ肉の塩漬け，生ベーコン

パン デピス pain d'épice 仏(男)　香辛料入りパン

パン ド ミ pain de mie 仏(男)　（固い皮のない）食パン

パントリー pantry 英(名) 配膳室

パンナ panna 伊(女) 生クリーム

パンプルムース pamplemousse 仏(男) ブンタン,グレープフルーツ

パン ペルデュ pain perdu 仏(男) パンやブリオッシュを牛乳、卵に浸し、フライパンで焼いたもの(=**フレンチトースト** French toast 英)

バン・マリー bain-marie 仏(男) 湯煎にして温めるための鍋

ビーツ beet 英(名) テンサイ,サトウダイコン(=**ベトラーヴ** betterave 仏)

ピーラー peeler 英(名) 皮むき器(=**エコノム** économe 仏)

ピアット piatto
伊(形) 平らな
伊(男) 皿;料理

ピアノ piano 仏(男) (形がピアノに似ていることから)かまど,レンジ

ビアンコ bianco 伊(形) 白い

ビアンコマンジャーレ biancomangiare 伊(男) ブランマンジェ

ピエ pied 仏(男) 足;1本,1株

ビエール bière　仏(女)　ビール

ピエス pièce　仏(女)　小片，切れ端；一個

ピエス モンテ pièce montée　仏(女)　数個の菓子を積み上げて作る宴会用のケーキ

ビエトラ bietola　伊(女)　フダンソウ（＝ブレット blette 仏／スイスチャード swiss chard 英）

ピエ・ブルー pied-bleu　仏(男)　ムラサキシメジ

ピカタ→ピッカータ

ビガラード bigarade　仏(女)　苦オレンジ

ビガロー bigarreau　仏(男・単) bigarreaux (男・複)　サクランボの品種

ピクルス pickles　英(名)　野菜の酢漬け

ピケ① piqué　仏(形)　背脂やベーコンを刺した

ピケ② piquer　仏(動)　背脂やベーコンを刺す

ピコドン picodon　仏(男)　南仏で作られる山羊の白かびチーズ

ビシソワーズ→ヴィシソワーズ

ピジョン pigeon　仏(男)　ハト

ビスキュイ biscuit　仏(男)　スポンジケーキ；ビスケット

ビスク bisque 仏(女) 甲殻類を使った濃厚なポタージュ

ビスコッティ biscotti 伊(男・複)〔**ビスコット** biscotto 伊(男・単)〕 ビスケット

ビスコット biscotte 仏(女) ラスク

ピスターシュ pistache 仏(女) ピスタチオ

ビステッカ bistecca 伊(女) ビーフステーキ

ピストゥー pistou 仏(男) バジリコとニンニクをすりつぶし、オリーブ油を加えた緑色の南仏料理のスープの薬味

ビストロ bistro(または bistrot) 仏(男) 食堂, 飲み屋

ピセッリ piselli 伊(男・複) エンドウ豆（＝**プティ ポワ** petits pois 仏）

ピッカータ piccata 伊(女) 薄切り仔牛肉に小麦粉をまぶしてソテーし、レモンとマルサラのソースをかけた料理

ピッカンテ piccante 伊(形) からい, 舌がひりひりする, (オリーブ油の味で) 喉の奥を刺激する

ピッコロ（〜リ・複） piccolo (〜li) 伊(形・男) 〔**ピッコラ（〜レ・複）** piccola (〜le) 伊(形・女)〕 小さい

ピッチョーネ piccione 伊(男) ハト（＝**ピジョン**

pigeon 仏）

ピッツァ pizza 伊(女) ピザ

ピッツァイオーロ pizzaiolo
    伊(形) 〈アッラ・ピッツァイオーラで〉ピッツァ職人風の（トマト、ニンニク、オレガノ、パセリなどで煮る）
    伊(男) ピッツァ職人

ピティヴィエ pithiviers 仏(男) ２枚のパイ生地ではさんで焼き上げたパテ；アーモンドクリームを２枚のパイ生地ではさんだ菓子（ピティヴィエはオルレアン地方ロワレ県の都市）

ピニョン pignon 仏(男) 松の実

ビバレッジ beverage 英(名) 飲み物

ビフテック bifteck 仏(男) ビフテキ

ピマン piment 仏(男) トウガラシ

ビヤン キュイ bien cuit 仏(句) よく焼いた

ビヤンド→ヴィヤンド

ビュッシュ ド ノエル bûche de Noël 仏(女) 薪の形のクリスマスケーキ

ビュフェ buffet 仏(男) 立食料理；食器戸棚

ヒュメ→フュメ

ピュレ purée 仏(女) 裏ごししたり、ミキサーにかけたペースト（＝**ピューレイ** purée 英）

ピラフ pilaf 仏(男) 炒めた米をブイヨンで炊き上げるトルコ起源の料理

ヒレ→フィレ

ピロシキ pirojki 仏(男・複) 東欧起源の肉や野菜の小さなパイ（＝**ピロギ** pirogui 仏）

ファーヴァ fava 伊(女) ソラマメ

ファジョーリ fagioli 伊(男・複)〔**ファジョーロ** fagiolo 伊(男・単)〕インゲン豆（＝**アリコ** haricots 仏）

ファソン façon 仏(女) 方法；仕方

ファッロ farro 伊(男) 古代小麦（一粒小麦、エンマ小麦、スペルト小麦が含まれる）

ファリーナ farina 伊(女) 小麦粉，粉

ファリーヌ farine 仏(女) 小麦粉，粉

ファリナータ farinata 伊(女) かゆ，雑炊；エジプト豆の粉やトウモロコシの粉で焼いたピッツァ状の料理

ファリネ fariner 仏(動) 粉をまぶす

ファルシ farci 仏(形) 詰めものをした

ファルス farce 仏(女) 詰めもの

ファン fin 仏(形・男)〔フィーヌ fine 仏(形・女)〕 細かい,繊細な；上質な；薄い

ブイイ bouilli 仏(形) ゆでた

フィーグ figue 仏(女) イチジク

フィーヌ ゼルブ fines herbes 仏(女・複) 香草類（エストラゴン、シブレット、セルフイユ、パセリなど）を細かく切ったもの

フィーユタージュ→フイユタージュ

フィスレ ficeler 仏(動) ひもで縛る,ひもでからげる

フィナンシエール financière 仏(形・女)〔フィナンシエ financier 仏(形・男)〕〈ア・ラ・フィナンシエールで〉フィナンシエール風の（フィナンシエールは金持ちの意味でトリュフなど高級食材を使った料理）

フィノッキオ finocchio 伊(男・単)〔フィノッキ finocchi 伊(男・複)〕 ウイキョウ（野菜）（=**フローレンス フェンネル** florence fennel 英／**フヌイユ** fenouil 仏）

フィリング filling 英(名) （菓子、パンの）詰め物

フィレ filet 仏(男) ヒレ肉（=**テンダーロイン** tenderloin 英）；鳥のササ身；魚のおろした身；網,糸状のもの

フィレット filetto 伊(男) ヒレ肉 (=テンダーロイン tenderloin 英);鳥のササ身;魚のおろした身;糸状のもの

ブイヤベース bouillabaisse 仏(女) 南仏風魚のスープ

フイヤンティーヌ feuillantine 仏(女) パイ生地に卵白をぬり、砂糖をふって白く仕上げた菓子

フイユタージュ feuilletage 仏(男) 何層にもなった生地, 折り込みパイ生地

フイユテ feuilleté 仏(形) 薄い層からなる;(生地を) 何回も折り込んだ

ブイヨン bouillon 仏(男) 肉や野菜でとっただし

フー feu 仏(男) 火;炉

ブーケ ガルニ bouquet garni 仏(男) 香草の束

プーサン poussin 仏(男) ふ化して間もないひな鶏

ブーダン boudin 仏(男) 豚の血を使った腸詰

フード プロセッサー food processor 英(名) ロボクープ

プードル poudre 仏(女) 粉, 粉末

プードル ア クレーム poudre à créme 仏(女) コーンスターチに香料、着色料などを加えたミックス粉。カスタードパウダー

ブール beurre　仏(男)　バター（＝ブッロ burro 伊）

プール poule　仏(女)　雌鶏

ブール クラリフィエ beurre clarifié　仏(男)　澄ましバター

フールシェット fourchette　仏(女)　フォーク，肉刺し

フールノー fourneau　仏(男・単)fourneaux(男・複)　レンジ，ストーブ

ブール ノワゼット beurre noisette　仏(男)　焦がしバター

プールピエ pourpier　仏(男)　（サラダにする野草の一種）スベリヒユ

ブール マニエ beurre manié　仏(男)　小麦粉を加えて作る合わせバター

ブール メートル・ドテル beurre maître d'hôtel　仏(男)　レモン、パセリのみじん切りを加えて作る合わせバター

プーラルド poularde　仏(女)　肥育鶏

ブーランジェリー boulangerie　仏(女)　パン屋

プーレ poulet　仏(男)　ひな鶏

プーレ ノワール poulet noir　仏(男)　フランスの地鶏品種（日本にも導入されており、国産地鶏にも

この品種のものがある）

フエ fouet 仏(男) 泡立て器，ホイッパー

フェーヴ fève 仏(女) ソラマメ

フェーガト fegato 伊(男) 肝臓，レバー

フェキュール fécule 仏(女) でんぷん

フエッテ fouette 仏(形) 泡立てた，かき立てた

フェットゥッチーネ fettuccine 伊(女・複) きしめん状の平打ちパスタ

フェヌグレーク fenugrec 仏(男) コロハ（地中海原産のマメ科のスパイス）

フェルミエール fermière 仏(女) 〈ア・ラ・フェルミエールで〉農家風（バターで煮た野菜を使う）

フェルメ fermé 仏(形) 閉じた，終業の

フェンネル fennel 英(名) ウイキョウ（1年生の野菜として使う品種と多年生のハーブに使う品種がある）（＝**フヌイユ** fenouil 仏）

フォカッチャ focaccia 伊(女・単)〔**フォカッチェ** focacce 伊(女・複)〕 薄くて平たいパン

フォルノ forno 伊(男) オーブン，窯

フォルマッジョ formaggio 伊(男・単)〔**フォルマッジ** formaggi 伊(男・複)〕 チーズ

フォワ foie 仏(男) 肝臓, レバー

フォワグラ foie gras 仏(男) ガチョウや鴨の肥大させた肝臓

フォン fond 仏(男) だし, だし汁(=フォンド fondo 伊)

フォンセ foncer 仏(動) 型の底に生地を敷き詰める；(焦げつかないように) 鍋の底に豚の背脂や野菜などを敷く

フォンダン fondant 仏(男) とろけるように柔らかい料理；糖衣などに用いる練りシロップ

フォンテーヌ fontaine 仏(女) 泉；生地を作るためにクレーター状に広げた粉(中央のくぼみに水や卵黄などを入れて、均等に混ぜる)

フォンデュ① fondu 仏(形) 溶けた

フォンデュ② fondue 仏(女) チーズを溶かしてパンに浸けて食べる料理

フォンド fondo 伊(男) だし, だし汁(=フォン fond 仏)

フォン ド ヴォー fond de veau 仏(男) 仔牛の骨からとるフォン

フォン ド ヴォライユ fond de volaille 仏(男) 鶏の骨からとるフォン

フォンド ブルーノ fondo bruno 伊(男) 茶色いだ

し汁

フォンドゥータ fonduta 伊(女) フォンデュ(フォンティーナチーズを牛乳と卵黄で溶かし、パンを浸けて食べるピエモンテ料理)

フォン ブラン① fond blanc 仏(男) 白いフォン

フォン ブラン② fond brun 仏(男) 茶色いフォン

フオーコ fuoco 伊(男・単)〔**フオーキ** fuochi 伊(男・複)〕 火，レンジ

ブオーノ (～ニ・複) buono (～ni) 伊(形・男)〔**ブオーナ (～ネ・複)** buona (～ne) 伊(形・女)〕 よい，すぐれた；おいしい；たっぷりな

ブオナペティート Buon appetito 伊(句) たくさん召し上がれ

フザン faisan 仏(男) キジ

フザンダージュ faisandage 仏(男) 野鳥獣の肉を熟成させること

ブショネ bouchonné 仏(形) (ワインが)コルク臭がする，劣化した

フズィッリ fusilli 伊(男・複) らせん状の乾燥パスタ

プチヴェール 日(名) 芽キャベツとケールを交雑して日本の種苗会社が開発した新野菜

プチトマト 日(名) ミニトマト（＝チェリー トマト cherry tomato 英／トマト スリーズ tomate cerise 仏）

プッタネスカ puttanesca 伊(形・女) 〈アッラ・プッタネスカで〉娼婦風の（ケイパー、黒オリーブ、アンチョビーをベースにしたソースを用いる）

ブッロ burro 伊(男) バター（＝ブール beurre 仏）

プティ petit 仏(形) 小さい，細かい

プティ デジュネ petit déjeuner 仏(男・不変) 朝食

プティ サレ petit salé 仏(男) バラ肉やすね肉を短時間塩漬けにした製品，生ベーコン

プティ フール petit four 仏(男) 小さな焼菓子

プティ ポワ petits pois 仏(男・複) エンドウ豆

プティ・レ petit-lait 仏(男) 乳清（チーズを作る際に出る上澄み）

プディング pudding 英(名) プリン；肉のパテ

ブフ bœuf 仏(男) 牛，雄牛

フヌイユ fenouil 仏(男) ウイキョウ（＝フェンネル fennel 英）

フュメ① fumé 仏(形) いぶした，燻製にした

フュメ② fumet 仏(男) 香り；（魚などの）だし汁

プラ① plat 仏(形・男)〔**プラット** plate 仏(形・女)〕 平たい；味のない；非炭酸の

プラ② plat 仏(男) 大皿（一人盛り用のアシェットより大きい）；鍋；（一皿の）料理

フラーゴラ fragola 伊(女) イチゴ

ブラザート（〜ティ・複） brasato（〜ti） 伊(形・男)〔**ブラザータ（〜テ・複）** brasata（〜te） 伊(形・女)〕 蒸し煮にした

ブラザート brasato 伊(男) 蒸し煮

ブラザーレ brasare 伊(動) 蒸し煮にする（＝**ブレゼ** braiser 仏）

フラジョレ flageolet 仏(男) 白インゲン豆の小粒の種類

ブラッスリー brasserie 仏(女) ビアホール（軽い食事も提供する）

プラック plaque 仏(女) プレート，天板

ブラックベリー blackberry 英(名) キイチゴの一種（＝**ミュール** mûre 仏）

フラッペ frappé 仏(形) 冷やした

プラトー plateau 仏(男) 盆，トレイ

プラ ド コート plat de côte 仏(男) （牛の）脇腹肉；（豚の腹に近い）ばら肉

プラ ド ジュール plat du jour 仏(句) 本日の特別料理

フラマンド flamande 仏(形・女)〔**フラマン** flamand 仏(形・男)〕〈ア・ラ・フラマンドで〉フランドル風（芽キャベツやジャガイモなどを使う）

プラリネ praliné 仏(男) 煮溶かした砂糖にアーモンドを加えて粉状にしたもの

フラン flan 仏(男) タルトの一種；プリン

ブラン① blanc 仏(形・男)〔**ブランシュ** blanche 仏(形・女)〕白い

ブラン② blanc 仏(男) 白；卵白

ブラン③ brun 仏(形・男)〔**ブリューヌ** brune 仏(形・女)〕茶色い

ブランケット blanquette 仏(女) 仔牛、仔羊などを白いソースで煮込んだ料理

ブランシール blanchir 仏(動) ゆでてアク抜きする；卵白と砂糖を白くなるまですり混ぜる

フランジパーヌ frangipane 仏(女) クレーム・ダマンドとクレームパティシエールを合わせたもの

フランシェ flanchet 仏(男) （牛、仔牛の）腹肉

プランシュ planche 仏(女) まな板

フランセーズ française 仏(形・女)〔**フランセ**

français 仏(形・男)〕〈ア・ラ・フランセーズで〉フランス風

ブランダード brandade 仏(女) 干ダラをすりつぶしてオリーブ油，ニンニクと混ぜた南仏料理

プランタニエ printanier 仏(形・男)〔**プランタニエール** printanière 仏(形・女)〕春の，春向きの；春野菜を使った

ブランチ brunch 英(名) (ブレックファーストとランチの合成で) 遅めの朝食

フランベ flamber 仏(動) アルコールをふりかけて火をつける，アルコールに火をつけてとばす；皮の表面に残った毛や羽毛に火をつける

フランボワーズ framboise 仏(女) キイチゴ (= ラズベリー raspberry 英)

ブラン・マンジェ blanc-mange 仏(男) アーモンドミルクをゼラチンで固めたデザート

フリ frit 仏(形・男)〔**フリット** frite 伊(形・女)〕油で揚げた，多めの油で炒めた

ブリ brie 仏(男) イル・ド・フランス地方の白かびチーズ

プリ prix 仏(男) 値段，価格

プリーモ ピアット primo piatto 伊(男) 第一の皿，前菜に続くパスタやスープ料理

フリール frire 仏(動) 油で揚げる,多めの油で炒める

ブリオシュ brioche 仏(女) バターと卵の入った発酵生地；バターが多く入ったパン

ブリガード brigade 仏(女) 組,班,スタッフ

フリカッセ fricassée 仏(女) 家禽,仔牛や仔羊の白いソースを使った煮込み（ブランケットと違って素材を色づけないよう炒めてから煮る）

フリカンドー fricandeau 仏(男) 仔牛やサケなどの切り身に豚の背脂を刺して、ブレゼかポワレした料理

フリゴ frigo 仏(男) 冷蔵庫；冷凍庫

フリゼ frisé 仏(形) (葉の)ちぢれた

フリッジェレ friggere 伊(動) 揚げる

フリッタータ frittata 伊(女) オムレツ,玉子焼き

フリット（～ティ・複） fritto（～tti） 伊(形・男)〔**フリッタ（～テ・複）** fritta（～tte） 伊(形・女)〕油で揚げた,揚げものにした

フリット ミスト fritto misto 伊(男) フライの盛り合わせ

フリットゥーラ frittura 伊(女) 揚げもの

ブリデ brider 仏(動) 鶏の手羽や足をタコ糸で縛

り固定する

フリテュール friture 仏(女) 揚げもの, フライ; 揚げ油

フリトゥーズ friteuse 仏(女) 揚げもの機, フライヤー

ブリニ blini 仏(男) ソバ粉で作った薄いクレープ

プリ フィクス prix fixe 仏(句) 定食、価格を一定にして、いくつかの選択肢から料理を選んでコースを組むメニュースタイル

ブリル brill 英(名) ヒラメの一種(=**バルビュ** barbue 仏)

フリュイ fruit 仏(男) 果物, フルーツ;(**フリュイ ド メール** fruits de mer で) 貝やエビ、タコなどの海の幸(魚は含まない)

プリュヌ prune 仏(女) プラム, プルーン

ブリュノワーズ brunoise 仏(女) 小角切り

ブリュレ① brûlé 仏(形) 焦げた

ブリュレ② brûler 仏(動) 燃やす, 焼く;燃える, 焼ける

ブルー bleu
仏(形・男) 青い;若めに火を通した
仏(男) 青カビチーズ

ブルートンヌ bretonne 仏(形・女)〔**ブルトン** breton 仏(形・男)〕〈ア・ラ・ブルートンヌで〉ブルターニュ風の

フルール fleur 仏(女) 花；精選品

フルール ド セル fleur de sel 仏(女) 塩田の表面に結晶した薄片状の海塩

ブルギニョン bourguignon 仏(形) ブルゴーニュ地方風

ブルスケッタ bruschetta 伊(女) ガーリックトースト

フルッタ frutta 伊(女) 果物，フルーツ

フルット frutto 伊(男) 実；(フルッティ ディ マーレ frutti di mare で)貝やエビ、タコなどの海の幸(=**フリュイ** fruit 仏)

プルミエ premier 仏(形・男)〔**プルミエール** première 仏(形・女)〕第一の，最初の；最高の

フルム ダンベール fourme d'Ambert 仏(女) オーヴェルニュ地方の青かびチーズ

プルピエ→プールピエ

プルロット pleurote 仏(男) ヒラタケ

フレ frais 仏(形・男)〔**フレーシュ** fraîche 仏(形・女)〕冷たい；新鮮な，生の

ブレ blé 仏(男) 小麦

フレーズ fraise 仏(女) イチゴ

フレーズ デ ボワ fraises des bois 仏(女) 野イチゴ，エゾヘビイチゴ

ブレザージュ braisage 仏(男) 蒸し煮

プレザーブ preserve 英(名) フルーツの砂糖煮

プレ・サレ pré-salé 仏(男) ブルターニュとノルマンディの干潟で飼育した羊

プレザンテ présenter 仏(動) 見せる；差し出す；勧める

ブレス Bresse 仏(固) フランス東部のブレス地方；(プーレ・ド・ブレスで) ブレス産の鶏。放し飼いにし、トウモロコシで育てることで知られる

フレスコ (〜キ・複) fresco (〜schi) 伊(形・男) 〔**フレスカ (〜ケ・複)** fresca (〜sche) 伊(形・女)〕 冷たい；新鮮な

ブレゼ braiser 仏(動) 蒸し煮にする

プレッセ presser 仏(動) 押す；圧搾する，搾る

プレッツェモーロ prezzemolo 伊(男) イタリアンパセリ (＝**ペルシ プラ** persil plat 仏)

ブレット blette 仏(女) フダン草

ブレ ノワール blé noir 仏(男) ソバ

フレンチ・トップ French-top 英(名) 加熱部分が板状になっているガス台

プロヴァンサル provinçale 仏(形・女) provinçal 仏(形・男) 〈ア・ラ・プロヴァンサルで〉プロヴァンス風の（オリーブ油、ニンニク、トマトを用いることが多い）

プロヴォローネ provolone 伊(男) カンパーニャ地方原産の裂けるタイプのチーズ

ブロード brodo 伊(男) だし，ブイヨン

プロシウット prosciutto 伊(男) 豚のもも肉；ハム（＝ジャンボン jambon 仏）

ブロシェット brochette 仏(女) 小串，串焼き

ブロシュ broche 仏(女) 串，焼き串

ブロッコリ broccoli 伊(男・複)〔**ブロッコロ** broccolo 伊(男・単)〕ブロッコリー

ブロッコリーニ broccolini 英(名) ブロッコリーと芥藍の交雑種。日本の種苗会社が開発し、登録品種名はスティックセニョールだがアメリカではこの名で流通。スティックブロッコリーともいう

ブロッコレッティ broccoletti 伊(男・複) （ローマ方言で）菜の花；ブロッコリの小さなもの

プロフィトロール profiterole 仏(女) 小さなシュ

ー；アイスクリームを詰めたシューにチョコレートソースをかけた菓子

フロマージュ fromage 仏(男) チーズ

フロマージュ ブラン fromage blanc 仏(男) フレッシュチーズ

フロワ froid 仏(形・男)〔**フロワド** froide 仏(形・女)〕 冷たい

プロンジュ plonge 仏(女) 洗い場, 流し

フンギ funghi 伊(男・複) キノコ

プンタレッラ puntarella 伊(女・単)〔**プンタレッレ** puntarelle 伊(女・複)〕 小さな芽がたくさんのびたタイプのチコリ

ペイザンヌ paysanne 仏(女) (ジャガイモやニンジン, カブの) 拍子木切り, (キャベツの) 色紙切り

ベイリーフ bay leaf 英(名) 月桂樹 (=**ローリエ** laurier 仏)

ベーコン bacon 英(名) 塩漬け燻製ばら肉 (=**ポワトリーヌ フュメ** poitrine fumée 仏)

ペーシュ pêche 仏(女) 桃

ベカス bécasse 仏(女) ヤマシギ (野鳥の一種)

ペコリーノ pecorino

伊(形) 羊の
伊(男) 羊乳のチーズ

ペコロス 日(名) 小タマネギの通称。ピクルス（明治時代にはペコロスといわれていた）からきた名称

ベシャメル→ソース・ベシャメル

ペスカ pesca 伊(女・単)〔**ペスケ** pesche 伊(女・複)〕 桃

ペスカトーラ pescatora 伊(形・女) 〈アッラ・ペスカトーラで〉漁師風の（魚、トマトをよく使う料理）

ペスト ジェノヴェーゼ pesto genovese 伊(男) バジリコ、ニンニク、松の実、チーズ、オリーブ油で作る緑色の調味料

ペッシェ pesce 伊(男) 魚，魚介（＝**ポワソン** poisson 仏）

ペティ→プティ

ペティナイフ 日(名) 小型のナイフ

ベトラーヴ betterave 仏(女) テンサイ，サトウダイコン（＝バルバビエートラ barbabietola 伊）／ビーツ beet 英）

ペトラン pétrin 仏(男) こね鉢

ベニェ beignet 仏(男) 揚げもの，フリッター

ベビー コーン baby corn　英(名)　ヤングコーン（=**エピ ド マイス** épi de maïs 仏）

ペペローネ peperone　伊(男)　ピーマン（=**ピマン** piment 仏）

ペペロナータ peperonata　伊(女)　ピーマンのトマト煮

ペペロンチーノ peperoncino　伊(男)　トウガラシ

ペラート pelato
伊(形)　毛を抜いた，皮をむいた
伊(男)　湯むきしたトマト

ペルシ persil　仏(男)　パセリ

ペルシエ persiller　仏(動)　パセリのみじん切りをふりかける

ペルシ プラ persil plat　仏(男)　イタリアンパセリ（=**プレッツェモーロ** prezzemolo 伊）

ペルシヤード persillade　仏(女)　きざんだニンニクとパセリ、パン粉を混ぜ合わせたもの、あるいはこれをふりかけた料理

ベルジュ→ヴェルジュ

ベルデューラ→ヴェルドゥーラ

ペルドリ perdrix　仏(女)　ヤマウズラ（野鳥の一種，グリとルージュの2種類がある）

ペルドロ perdreau　仏(男・単) perdreaux (男・複)　生後1年以内の若いヤマウズラ

ペルノー Pernod　仏(男)　ペルノー・リカルド社のパスティスの商標名

ペンネ penne　伊(女・複)　斜めにカットされた管状パスタ

ポーション portion　英(名)　部分；料理の一人前

ホース ラディッシュ horse radish　英(名)　西洋ワサビ（＝**レフォール** raifort 仏）

ポーピエット paupiette　仏(女)　薄切りの肉や野菜で具材を巻いて煮る料理（＝**インヴォルティーノ** involtino 伊）

ボーヌ・ファーム bonne femme　仏(句)　〈ア・ラ・ボーヌ・ファームで〉家庭風，お袋の味風

ボーメ baumé　仏(男)　液体の濃度を測る単位（略号 °B。0〜40°Bまである）

ポール porc　仏(男)　豚（＝**ポルコ** porco 伊），豚肉

ボカール bocal　仏(男・単)〔**ボコ** bocaux　仏(男・複)〕　広口瓶

ポシェ pocher　仏(動)　（沸騰寸前の湯で）ゆでる

ポシュ poche　仏(女)　袋，絞り出し袋

ポタージュ potage　仏(男)　ブイヨンをベースにしたスープ類一般

ポティロン potiron　仏(男)　西洋カボチャ

ホテル パン hotel pan　英(名)　バット

ボッカル→ボカール

ボッコンチーニ bocconcini　伊(男・複)　さいころ状に切った肉の煮込み料理

ボッタルガ bottarga　伊(女・単)〔ボッタルゲ bottarghe　伊(女・複)〕　カラスミ

ボッリート bollito
　伊(形)　煮た，ゆでた
　伊(男)　ゆで肉

ポッロ① porro　伊(男)　ポロネギ（＝**ポワロー** poireau 仏）

ポッロ② pollo　伊(男)　鶏

ポテ potée　仏(女)　豚肉、キャベツ、ジャガイモ、カブなどをブイヨンで煮込んだスープ料理

ポ・ト・フ pot-au-feu　仏(男)　スープ鍋；牛肉と野菜のスープ煮

ボナペティ Bon appétit　仏(句)　たくさん召し上がれ

ポム pomme　仏(女)　リンゴ；(ポム・ド・テール

の略で）ジャガイモ

ポム ド テール pomme de terre　仏(女)　ジャガイモ（＝**パタータ** patata 伊）

ポモドーロ pomodoro　伊(男・単)〔**ポモドーリ** pomodori　伊(男・複)〕　トマト

ポルケッタ porchetta　伊(女)　豚の丸焼き

ポルコ porco　伊(男)　豚（＝**ポール** porc 仏）

ボルシチ borchtch（または bortsch)　仏(男)　東欧発祥の牛肉とビーンのシチュー

ポルチーニ porcini　伊(男・複)〔**ポルチーノ** porcino　伊(男・単)〕　ヤマドリダケ（＝**セープ** cèpe 仏）

ポルト porto　仏(男)　ポルトガル産の甘い酒精強化ワイン

ボルドレーズ bordelaise　仏(形・女)〔**ボルドレ** bordelais　仏(形・男)〕〈ア・ラ・ボルドレーズで〉ボルドー地方風の

ポルポ polpo　伊(男)　タコ

ポレンタ polenta　伊(女)　トウモロコシの粉に水やスープを加えて練り上げたもの。ゆでる、揚げる、焼くなどして提供する

ポワーヴル poivre　仏(男)　コショウ（＝**ペッパー** pepper 英）

ポワーヴル ヴェール poivre vert 仏(男) 緑コショウ

ポワーヴル ローズ poivre rose 仏(男) コショウに似た南米原産の香辛料。赤粒コショウ

ポワール poire 仏(女) 洋ナシ

ポワヴロン poivron 仏(男) ピーマン(=ピマン ドゥー piment doux 仏)

ポワ シッシュ pois chiche 仏(男・単複) ひよこ豆(=ガルバンゾ garbanzo 西)

ポワソニエ poissonnier 仏(男) 魚屋;魚の調理担当スタッフ

ポワソニエール poissonnière 仏(女) 魚用の鍋

ボワソン boisson 仏(女) 飲みもの

ポワソン poisson 仏(男) 魚(=ペッシェ pesce 伊)

ポワトリーヌ poitrine 仏(女) 胸,胸肉;(牛の)肩ばら肉;(豚の肩に近い)ばら肉

ポワトリーヌ フュメ poitrine fumée 仏(女) ベーコン

ポワル poêle 仏(女) フライパン

ポワレ poêler 仏(動) フライパンで火を通す;野菜と少量の水分とともに密閉できる鍋で蒸焼きに

する

ポワロー poireau　仏(男・単) poireaux (男・複)　ポロネギ（＝リーキ　leek 英）

ボンゴレ→ヴォンゴレ

ポンシェ poncher　仏(動)　（香りづけのためにビスキュイなどを）酒の入ったシロップに沈める，刷毛などでぬる

ボン・ファム→ボーヌ・ファーム

ポン・ヌフ pont-neuf　仏(男)　フライドポテト用のジャガイモの切り方

ボンブ bombe　仏(女)　弾丸；砲弾型で二重構造になったアイスクリーム

ポン・レヴェック pont-l'Évêque　仏(男)　ノルマンディ地方オージュのウォッシュタイプのチーズ

マーシュ mâche 仏(女)　野ヂシャ（スプーン状の葉の柔らかいサラダ菜）（=**コーン サラダ** corn salad 英）

マール marc 仏(男)　ブドウの搾りかすから造った蒸留酒

マーレ mare 伊(男)　海

マイアーレ maiale 伊(男)　豚肉

マイス maïs 仏(男)　トウモロコシ

マカロニ→**マッケローニ**

マカロン macaron 仏(男)　卵白、砂糖、アーモンドの粉末の生地をオーブンで焼いて作る菓子

マグレ magret 仏(男)　フォワグラを作るために肥育した鴨やガチョウの胸肉

マクロー maquereau 仏(男・単) maquereaux (男・複)　サバ

マシ macis 仏(男)　ニクズク（ナツメグ）の皮を乾燥させた香辛料（=**メース** mace 英）

マジパン 日(名)　アーモンドペースト（=**パート・ダマンド** pâte d'amande 仏）；アーモンドペーストに色をつけた飾り菓子（=**マスパン** massepain 仏）

マジョラム marjoram 英(名)　マヨラナ（=**マルジョレーヌ** marjolaine 仏）

マスカルポーネ mascarpone 伊(男) イタリアの乳脂肪率の高いフレッシュチーズ

マスケ masquer 仏(動) おおう

マスパン massepain 仏(男) アーモンドペーストに色をつけた飾り菓子。マジパン細工

マセドワーヌ macédoine 仏(女) さいの目切り；さいの目に切った野菜を混ぜ合わせたもの，ミックスベジタブル；フルーツミックス（=**マチェドーニア** macedonia 伊）

マセレ macérer 仏(動) （おもに果物をシロップや酒に）浸ける

マチェドーニア maccedonia 伊(女) さいの目切り；フルーツミックス；フルーツポンチ

マッケローニ maccheroni 伊(男・複) （イタリア南部では）乾燥パスタの総称；管状の乾燥パスタ

マティエール matière 仏(女) 材料

マティニョン matignon 仏(女) ニンジン、セロリ、タマネギの薄切りを溶けるくらいまでバターで炒めてマデーラ酒で煮たもの（ハムのさいの目切りを加えることもある）。風味づけに用いる

マデール madère 仏(男) ポルトガル領マデイラ島のアルコール強化ワイン

マドレーヌ madeleine 仏(女) 卵、砂糖、バターで作った生地を貝殻型に焼いたスポンジケーキ

マトロート matelote 仏(女) (主に淡水魚を) ワインやシードルで煮た魚料理

マニエ manié 仏(形) 柔らかく練った，こねた

マニエール manière 仏(女) 方法，仕方

マヨネーズ mayonnaise 仏(女) 卵黄に酢、油を加えてかきたてたソース

マラスカン marasquin 仏(男) マラスキーノ種のサクランボウから作った蒸留酒

マリアージュ mariage 仏(男) 結婚；組み合わせ

マリーズ maryse 仏(女) ゴムベラの商標

マリナータ marinata 伊(女) マリネ液

マリナード marinade 仏(女) (肉や野菜の) 浸け汁，マリネ液；マリネした肉や魚

マリナーラ marinara 伊(形・女) 〈アッラ・マリナーラで〉船乗り風の(トマト、ニンニク、オリーブ油などで作るソースを使う)

マリニエール marinière 仏(女) 〈ア・ラ・マリニエールで〉船乗り風の(海の幸を白ワインなどで煮る)

マリネ mariner 仏(動) 浸け汁に浸ける

マルカッサン marcassin 仏(男) 仔イノシシ

マルサーラ marsala 伊(男) シチリア島産の酒精強化ワイン

マルシェ marché 仏(男) 市,市場;取引き,価格

マルジョレーヌ marjolaine 仏(女) マヨラナ(=**マジョラム** marjoram 英)

マルブル marbre 仏(男) 大理石;菓子の作業を行う大理石板

マルミット marmite 仏(女) 寸胴鍋,両手つきのスープ鍋

マルムラード marmelade 仏(女) マーマレード

マレンゴ Marengo 仏(固) (ナポレオンがオーストリア軍を破ったイタリアの町にちなんで) マレンゴ風の煮込み。仔牛や鶏を白ワイン、ニンニク、トマトで煮たシチュー

マロカン marocain 仏(男)〔**マロケーヌ** marocaine 仏(女)〕〈ア・ラ・マロケーヌで〉モロッコ風の

マロワール maroilles 仏(男) ベルギー国境周辺で作られるウォッシュタイプのチーズ

マロン marron 仏(男) (粒の大きな)クリ

マング mangue 仏(女) マンゴー

マンジェ manger 仏(動) 食べる 仏(男) 料理,食事(フランスでは俗語。日本ではまかないの食事をさすことが多い)

マンジャーレ mangiare 伊(動) 食べる 伊(男) 食べ物，料理，食事

マンジュ・トゥ mange-tout 仏(男) サヤエンドウ

マンゾ manzo 伊(男) (去勢した)雄牛，成牛の肉

マンダリーヌ mandarine 仏(女) マンダリンオレンジ，ミカン

マンテカーレ mantecare 伊(動) こねる，混ぜる；リゾットに空気を混ぜ込む，パスタをソースで和える

マント menthe 仏(女) ハッカ（＝ミント mint 英／メンタ menta 伊）

マンドリーヌ mandoline 仏(女) 野菜をせん切りや薄切りにするための道具

マンドルラ mandorla 伊(女) アーモンド

ミーザン プラス mise en place 仏(句) 下準備

ミエル miel 仏(男) ハチミツ

ミ キュイ mi cuit 仏(句) なかば火の通った，半生の

ミザンプラス→ミーザン プラス

ミジョテ mijoter 仏(動) とろ火で煮る

ミスティカンツァ misticanza 伊(女) ミックスサラダ

ミスト misto 伊(形・男)〔ミスティ misti 伊(形・女)〕混合の，混ざった，盛り合わせの

ミディアム medium 英(形) (ステーキの焼き加減で) ほどよい状態の (= ア ポワン à point 仏)

ミ ド パン mie de pain 仏(女) パンの柔かい部分；パン粉

ミニャルディーズ mignardises 仏(女・複) (食後のお茶とともに提供する) 小さな菓子

ミニョネット mignonnette 仏(女) 粗く砕いたコショウ；小さく作ったもの，小さいもの

ミネストラ minestra 伊(女) スープ，野菜スープ；スープ・パスタ・米料理の総称

ミネストローネ minestrone 伊(男) 米、パスタ、豆などを加えた濃い野菜スープ

ミモザ mimosa 仏(男) ミモザ風 (ミモザの黄色い花になぞらえてゆで玉子の黄身を使った料理)

ミモレット mimolette 仏(女) オランダ原産のオレンジ色のセミハードチーズ

ミュール mûre 仏(女) 桑の実；キイチゴの一種 (= ブラックベリー blackberry 英)

ミュスカ muscat 仏(男) マスカット；マスカット

から作った甘口白ワイン

ミュスカード muscade 仏(女) ニクズク(=**ナツメグ** nutmeg 英)

ミュスカデ muscadet 仏(男) ロワール地方の白ワイン

ミュレ mulet 仏(男) ボラ

ミルティーユ myrtille 仏(女) ツルコケモモ(=ブルーベリー blueberry 英)

ミラネーゼ milanaise 仏(形・女)〔**ミラネ** milanais 仏(形・男)〕〈ア・ラ・ミラネーゼで〉ミラノ風の

ミラベル mirabelle 仏(女) 黄色いプラムの一種

ミル・フイユ mille-feuille 仏(男) (ミルは1000の、フイユは葉で)薄い層に焼いた折り込みパイ生地を積み重ね、間にカスタードクリームなどをはさんだ菓子

ミルフィーユ→ミル・フイユ

ミルポワ mirepoix 仏(女) 大きめのさいの目に切った香味野菜(ニンジン、タマネギ、セロリなど)のことで、ハムや生ベーコンを加える場合もある;大きめのさいの目切り,粗切り

ムース mousse 仏(女) ピューレや卵白をふんわり仕上げたもの;泡

ムースリーヌ mousseline 仏(女) モスリン布;ム

ース状に泡立てた生クリームを加えて軽く仕上げた料理

ムースロン mousseron 仏(男) ハラタケ

ムータルド moutarde 仏(女) 西洋カラシ，マスタード（＝**モスタルダ** mostarda 伊）

ムータルド ド モー moutarde de Meaux 仏(女) パリ近郊モーで作られる粒マスタード

ムーラン moulin 仏(男) ミル，挽き器；野菜用の裏ごし器

ムール① moule 仏(男) 焼き型，型

ムール② moule 仏(女) ムール貝

ムイエ mouiller 仏(動) 液体を加える，注ぐ，うるおす，湿らす

ムイユマン mouillement 仏(男) 水や煮汁など液体を加えること；加える液体のこと

ムサカ moussaka 仏(女) 羊ひき肉、トマト、ナスで作る中東料理

ムスクラン→**メスクラン**

ムニエール meunière 仏(女) 〈ア・ラ・ムニエールで〉粉屋風，小麦粉をまぶしたバター焼きのこと。ムニエル

ムニュ menu 仏(男) メニュー；コースになった定

食

ムラング meringue　仏(女)　卵白と砂糖を泡立てたもの，メレンゲ

ムロン melon　仏(男)　メロン

メイン ダイニング ルーム main dinning room　英(名)　ホテルの主食堂

メートル maître　仏(男)　長，頭；(メートル・ドテルの略で) 給仕長

メートル・ドテル maître d'hôtel　仏(男)　給仕長，レストランのサービス責任者；レストランマネジャー

メース mace　英(名)　ニクズク（ナツメグ）の皮を乾燥させた香辛料

メール mer　仏(女)　海，海洋

メスクラン mesclun　仏(男)　南仏生まれのミックスサラダ

メゾン maison　仏(形・不変)　自家製の

メダイヨン médaillon　仏(男)　メダル；円形に切った魚や肉の切り身

メナジェール ménagère　仏(女)　〈ア・ラ・メナジェールで〉家庭風，主婦風

メランザーネ melanzane　伊(女・複)　ナス

メランジェ mélanger 仏(動) 混ぜる，混合する

メリ・メロ méli-mélo 仏(男) 取り合わせ，ごちゃ混ぜ

メリース mélisse 仏(女) 香水ハッカ，レモンバーム

メルカート mercato 伊(男) 市，市場

メルバ Melba 仏(固) 声楽家ネリー・メルバ。彼女のためにエスコフィエが考察した料理にデザートのピーチ・メルバ、メルバトーストがある

メルリュ merlu 仏(男) メルルーサ

メルルッツォ merluzzo 伊(男) メルルーサ；タラ

メンタ menta 伊(女) ミント（=**マント** menthe 仏）

メンダイ→**メイン ダイニング ルーム**

モザイク mosaïque 仏(女) （テリーヌなどに色とりどりの野菜を散りばめた）モザイク状の飾り，モザイク模様

モスタルダ mostarda 伊(女) 西洋カラシ，マスタード（=**ムータルド** moutarde 仏）；マスタード風味のシロップに浸けた果物のピクルス

モッツァレッラ mozzarella 伊(女) 水牛や牛の乳で作られる南イタリアの軟質チーズ

モッレ molle 伊(女・複) はさむ道具，火ばさみ
（＝トング tongs 英／パンス pince 仏）

モデルヌ moderne 仏(形) 現代の，新しい

モフ→エム オ エフ

モリーユ morille 仏(女) アミガサタケ

モリュ morue 仏(女) タラ

モルソー morceau 仏(男) 塊，ひと切れ，一部分

モルタデッラ mortadella 伊(女) ボローニャ地方の豚の背脂の角切りを散りばめた大型ソーセージ，ボローニャソーセージ

モ レ mollet 仏 (形・男)〔モレット mollette 仏 (形・女)〕柔らかい

モワティエ moitié 仏(女) 半分

モワル moelle 仏(女) 骨髄

モンテ monter 仏(動) バターで仕上げる（ソースやポタージュにバター少量を加えて，少しずつ溶かしてとろみをつける），バターモンテする；泡立てる，かき混ぜる；組み立てる

モンデ monder 仏(動) 湯むきする

モン・ブラン mont-blanc 仏(男)

ヤウールト yaourt 仏(男) ヨーグルト

ヤング コーン young corn 英(名) トウモロコシの未熟果（＝**ベビー コーン** baby corn 英／**エピ ド マイス** épis de maïs 仏）

ユイットル huître 仏(女) カキ（貝）（＝**オイスター** oyster 英）

ユイリエ huilier 仏(男) 油と酢がセットになった調味料入れ

ユイル huile 仏(女) 油

ユイル ドリーヴ ヴィエルジュ エクストラ huile d'olive vierge extra 仏(女) エクストラヴァージンオリーブ油。精製されていない上質なオリーブ油のこと

ユイル ノワテ huile noitée 仏(女) クルミ油入りの混合油

ユイレ huiler 仏(動) 油をぬる

ユニーク unique 仏(形) 唯一の；独自の

ユミッド humide 仏(形) 湿った

ヨークハム York hum 英(名) イギリスのヨーク発祥の骨つきハム（＝**ジャンポン デョルク** jambon d'Youk 仏）

ヨード iode 仏(男) ヨウ素；海の香り

ラーヴ rave　仏(女)　ふくらんだ地下の根

ラーナ rana　伊(女)　カエル

ラーパ rapa　伊(女)　カブ，ふくらんだ地下の根

ラープ râpe　仏(女)　おろし金，おろし器

ラーブル râble　仏(男)　(ウサギなどの)背肉

ラール lard　仏(男)　脂身，背脂；ベーコン

ライ rye　英(名)　ライ麦

ラヴィオリ ravioli　伊(男・複)　詰めものをした平打ちパスタ

ラヴィゴット ravigote　仏(女)　きざんだ香草の入った緑色のソース

ラグー① ragù　伊(男)　肉汁；ミートソース；シチュー

ラグー② ragoût　仏(男)　ラグー，煮込み，シチュー

ラクレット raclette　仏(女)　ゴムベラ；スイスのヴァレー地方のチーズ料理。塊を熱して溶けたチーズを削ってジャガイモなどに添える

ラザーニェ lasagne　伊(女・複)　幅広の手打ちパスタ（＝ラザーニャ lasagnas 英）

ラザニア→ラザーニェ

ラスカス rascasse 仏(女) オニカサゴ

ラタトゥイユ ratatouille 仏(女) オリーブ油で炒めたナス、ズッキーニ、トマト、ピーマンなどを野菜の水分だけで煮るプロヴァンス料理

ラッテ latte 伊(男) 乳, 牛乳

ラットゥーガ lattuga 伊(女・単)〔**ラットゥーゲ** lattughe 伊(女・複)〕レタス

ラディ radis 仏(男) ダイコン, ラディッシュ

ラディッキォ radicchio 伊(男・単)〔**ラディッキ** radicchi 伊(男・複)〕赤チコリ

ラパン lapin 仏(男) 家ウサギ；穴ウサギ

ラピーニ rapini 伊(男・複) (トスカーナ方言で)チーマ・ディ・ラーパ

ラビオリ→ラヴィオリ

ラビゴット→ラヴィゴット

ラプロー lapereau 仏(男・単) lapereaux (男・複) 仔ウサギ

ラペ râper 仏(動) すりおろす

ラルデ larder 仏(動) 背脂を刺す

ラルド lardo 伊(男) 豚の脂身, 背脂；背脂の塩漬け加工品

ラルドン lardon　仏(男)　細切りにした棒状の背脂；小片に切った豚のバラ肉をソテーしたもの

ランヴェルセ renversé　仏(形)　(プリンやタルトなどを) ひっくり返した

ラング langue　仏(女)　舌

ラングースト langouste　仏(女)　イセエビ

ラングスティーヌ langoustine　仏(女)　アカザエビ

ランティーユ lentille　仏(女)　レンズ豆

リ① ris　仏(男)　胸腺肉

リ② riz　仏(男・不変)　米（=**リーソ** riso 伊）

リーヴル livre
　仏(男)　本，書籍
　仏(女)　（重さの単位で）500 g

リーキ leek　英(名)　ポロネギ（=**ポワロー** poireau 仏）

リーソ riso　伊(男)　米（=**リ** riz 仏）

リエ① lié　仏(形)　とろみがついた，つないだ

リエ② lier　仏(動)　とろみをつける，つなぐ

リエーヴル lièvre　仏(男)　野ウサギ

リエゾン liaison　仏(女)　ソースやスープなどのと

ろみをつけること，つなぎ

リエット rillettes　仏(女・複)　肉を脂肪とともに煮てペースト状にし、器に詰めた冷製料理

リガトーニ rigatoni　伊(男・複)　マカロニより太く、筋のついた管状パスタ

リクール liqueur　仏(女)　リキュール，アルコール飲料

リコッタ ricotta　伊(女)　チーズを作った後に残る乳清（上澄み）を再び熱して作る乳製品。リコッタチーズ

リストランテ ristorante　伊(男)　レストラン

リゾット risotto　伊(男)　米をバターで炒め、スープを加えて煮上げた米料理（＝**リゾット** risotto 仏・英）

リ ソヴァージュ riz sauvage　仏(男・不変)　マコモの実（＝**ワイルドライス** wild rice 英）

リソレ rissoler　仏(動)　表面をこんがり焼く，強火で焼き色をつける

リチェッタ ricetta　伊(女)　調理法，作り方（＝**レシピ** recipe 英／**ルセット** recette 仏）

リネン linen　英(名)　亜麻の布；シーツ，タオル

リボッリータ ribollita　伊(女)　インゲン豆とキャベツの野菜スープにタマネギを加えて煮直すトス

カーナ地方のスープ

リマンド limande 仏(女) カレイ

リモーネ limone 伊(男) レモン(=**シトロン** citron 仏)

リュタバガ rutabaga 仏(男) ルタバガ(ルタバカは誤り), スウェーデンカブ(=**イエローターニップ** yellow turnip 英/**スウィード** swede 英)

リュバルブ rhubarbe 仏(女) 大黄(=**ルバーブ** rhubarb 英)

リヨネーズ lyonnaise 仏(形・女)〔**リヨネ** lyonnais 仏(形・男)〕〈ア・ラ・リヨネーズで〉リヨン風(タマネギを用いることが多い)

リングア lingua 伊(女) 舌, 舌ビラメ

ルイユ rouille 仏(女) ブイヤベースなどに添えるトウガラシとニンニク風味のソース

ルー roux 仏(男) ソースのつなぎに使うバターで炒めた小麦粉

ルーコラ rucola 伊(女) ルッコラ(葉が丸い栽培種のロケット菜)(=**アルグラ** arugula 英/**ロケット** rocket 英)

ルージェ rouget 仏(男) ヒメジ

ルーシュ louche 仏(女) レードル, 玉しゃくし

ルージュ rouge　仏(形)　赤い

ルーラード roulade　仏(女)　詰め物をして巻いた料理

ルヴァン levain　仏(男)　パン種

ルヴェ lever　仏(動)　切り取る，取り去る；魚をおろし身にする；発酵する

ルヴニール revenir　仏(動)　（下ごしらえとして）手早く炒める，焼き固める

ルケッタ ruchetta　伊(女)　葉が細くて切れ目のある。いわゆる野生のルッコラ

ルゲッタ rughetta　伊(女)　（ラツィオ方言で）ルケッタ

ルセット recette　仏(女)　調理法，作り方（＝レシピ recipe 英／リチェッタ ricetta 伊）

ルタバカ→リュタバガ

ルバルブ→リュバルブ

ルバン→ルヴァン

ルブニール→ルヴニール

ルブロション reblochon　仏(男)　オート・サヴォワで作られるセミハードタイプの牛乳チーズ

ルベ→ルヴェ

ルポゼ reposer 仏(動) 休ませる

ルレ rouler 仏(動) 巻く；丸める；転がす

ルワネーズ rouennaise 仏(形・女)〔**ルワネ** rouennais 仏(形・男)〕〈ア・ラ・ルワネーズで〉ルーアン風の；〈カナール・ルワネで〉ルーアン産鴨。真鴨と家鴨の交配で知られる

レ lait 仏(男) 乳，牛乳

レ raie 仏(女) エイ

レードル ladle 英(名) (液体をすくうのに用いる)玉しゃくし (=**ルーシュ** louche 仏)

レープレ lepre 伊(女) 野ウサギ

レギューム légume 仏(男・単) (複数形で用いられることが多い) 野菜

レザン raisin 仏(男) ブドウ

レジェ léger 仏(形・男)〔**レジェール** légère 仏(形・女)〕軽い；薄い

レシピ recipe 英(名) 調理法，作り方 (=**ルセット** recette 仏／**リチェッタ** ricetta 伊)

レッサーレ lessare 伊(動) ゆでる

レディール raidir 仏(動) (煮くずれないように表面をさっと焼いて) 固く締める

レデイール→レデュイール

レデクション→レデュクション

レテュ laitue 仏(女) レタス

レデュイール réduire 仏(動) 煮つめる

レデュクション réduction 仏(女) 煮つめること，煮つめたもの

レフォール raifort 仏(男) 西洋ワサビ（＝**ホースラディッシュ** horse radish 英）

レンティッキエ lenticchie 伊(女・複)〔**レンティッキア** lenticchia 伊(女・単)〕 レンズ豆

ローズマリー rosemary 英(名) 万年ロウ（＝**ロマラン** romarin 仏）

ローリエ laurier 仏(男) 月桂樹（＝**ローレル** laurel 英／**ベイリーフ** bay leaf 英）

ローレル laurel 英(名) 月桂樹（＝**ローリエ** laurier 仏）

ロカンダ locanda 伊(女) （旅館を兼ねた）大衆食堂

ロクフォール roquefort 仏(男) 南フランスのロクフォール村にある天然洞穴で熟成させる羊乳の青かびチーズ

ロケット roquette 仏(女) ルッコラ（＝**ルーコラ**

rucola 伊)

ロゼ rosé
仏(形)　バラ色の，（軽い火の通し方で肉が）薄赤色の，ピンク色の
仏(男)　ロゼワイン

ロッシーニ Rossini　伊(固)　18世紀末〜19世紀に活躍したイタリアの作曲家。美食家としても知られトリュフやフォワグラを使った料理にその名がつけられる

ロット lotte　仏(女)　アンコウ

ロティ① rôti
仏(形・男)　あぶり焼いた
仏(男)　あぶり焼き（実際には鍋に入れてオーヴンで焼かれることが多い）（＝**ロースト** roast 英）

ロティ② rôtie
仏(形・女)　あぶり焼いた
仏(女)　焼いたパン（＝**トースト** toast）

ロティール rôtir　仏(動)　あぶり焼く，ローストする

ロティスリー rôtisserie　仏(女)　ロースト料理店

ロニョーネ rognone　伊(男)　腎臓

ロニョナード rognonnade　仏(女)　腎臓付きの仔牛の腰肉

ロニョン rognon　仏(男)　腎臓

ロボ・クープ robot-coupe 仏(男) ミキサーと構造は似ているが、刃を取り替えることで、きざむ、すりつぶす、練るなどの下ごしらえができる電動調理器。ロボ・クープは商標で一般にはフード・プロセッサー

ロマラン romarin 仏(男) 万年ロウ（＝**ローズマリー** rosemary 英）

ローム rhum 仏(男) ラム酒

ロメイン レタス romaine lettuce 英(名) 立ちレタス，ロメインレタス（＝**レテュ ロメーヌ** laitue romaine 仏／**ラトゥーガ ロマーナ** lattuga romana 伊／**コス レタス** cos lettuce 英）

ロンデル rondelle 仏(女) 輪切り，スライス

ロンボ rombo 伊(男) ヒラメ

アルファベット順・分野別索引

料理表現

à point　ア ポワン…8
agliata　アリアータ…10
agnolotti　アニョロッティ…7
agrodolce　アグロ ドルチェ…4
aigre　エーグル…18
aigre-doux　エーグル・ドゥー…18
ailloli(または aïoli)
　アイヨリ…4
alsacienne　アルザシエンヌ…10
amer　アメール…9
amuse-bouche
　アミューズ・ブーシュ…9
amuse-gueule
　アミューズ・グール…9
ancienne　アンシェンヌ…11
andalouse　アンダルーズ…12
antipasto　アンティパスト…12
aroma　アロマ…11
arôme　アローム…11
aspic　アスピック…5
aumônière　オモニエール…24
bagna-cauda
　バーニャ・カウダ…89
baguette　バゲット…90
ballottine　バロティーヌ…95
barigoule　バリグール…93
bâtard　バタール…91
bavarois　バヴァロワ…89
beignet　ベニェ…117
bianco　ビアンコ…96
biancomangiare
　ビアンコマンジャーレ…96
bien cuit　ビヤン キュイ…99
bifteck　ビフテック…99
bigarade　ビガラード…97

bisque　ビスク…98
bistecca　ビステッカ…98
blanc　ブラン…109
blanquette　ブランケット…109
blini　ブリニ…112
bocconcini　ボッコンチーニ…120
bollito　ボッリート…120
bonne femme
　ボーヌ・ファーム…119
bordelaise　ボルドレーズ…121
bortsch　ボルシチ…121
bouchonné　ブショネ…106
bouillabaisse　ブイヤベース…102
bouillon　ブイヨン…102
bourguignon　ブルギニョン…113
brandade　ブランダード…110
brasato　ブラザート…108
bretonne　ブルートンヌ…113
broche　ブロシュ…115
brochette　ブロシェット…115
brûlé　ブリュレ…112
brûler　ブリュレ…112
brun　ブラン…109
bruschetta　ブルスケッタ…113
buono(〜ni)
　ブオーノ (〜ニ・複)…106
cacciatora　カッチャトーラ…27
cacciatore　カッチャトーレ…27
cacciucco　カッチュッコ…28
Caesar salad　シーザー サラダ…53
canapé　カナペ…29
cancalaise　カンカレーズ…33
caponata　カポナータ…29
caprese　カプレーゼ…29
carbonara　カルボナーラ…32
cardinal　カルディナール…31
carne　カルネ…32
carpaccio　カルパッチョ…32

cassata　カッサータ…27
casse-croûte　カス・クルート…26
cassoulet　カスレ…27
charcutier　シャルキュティエ…55
chaud　ショー…59
chaud-froid　ショー・フロワ…59
chausson　ショーソン…59
checca　ケッカ…44
cibreo　チブレーオ…75
civet　シヴェ…53
cocktail　コクテル…45
composé　コンポゼ…49
composta　コンポスタ…49
confiserie　コンフィズリー…49
confiture　コンフィチュール…49
contorno　コントルノ…48
coperto　コペルト…46
coquille　コキーユ…45
cotriade　コトリヤード…46
couscous　クスクス…36
crème anglaise
　クレーム アングレーズ…41
crème brûlée
　クレーム ブリュレ…42
crêpe　クレープ…41
crêpe Suzette
　クレープ スュゼット…41
crépinette　クレピネット…42
crocchetta　クロッケッタ…43
croissant　クロワッサン…43
croquant　クロッカン…43
croquette　クロケット…43
crostata　クロスタータ…43
crostini　クロスティーニ…43
croustillant　クルスティヤン…40
croûte　クルート…40
cru　クリュ…39
crudités　クリュディテ…39
crudo(〜di)
　クルード (〜ディ・複)…40
culinaire　キュリネール…35

daube　ドーブ…80
dauphine　ドフィーヌ…81
dauphinoise　ドフィノワーズ…81
délise　デリス…78
demi　ドゥミ…79
demi-sel　ドゥミ・セル…79
dessert　デセール…77
diable　ディアーブル…76
diavola　ディアーヴォラ…76
diplomate　ディプロマート…76
dolce　ドルチェ…82
domestique　ドメスティーク…81
doux　ドゥー…79
dressage　ドレッサージュ…82
entier　アンティエ…12
entrée　アントレ…13
épais　エペ…21
escabèche　エスカベーシュ…19
espresso　エスプレッソ…19
espuma　エスプーマ…19
façon　ファソン…100
farinata　ファリナータ…100
fermière　フェルミエール…104
fin　ファン…101
financière　フィナンシェール…101
flamande　フラマンド…109
focaccia　フォカッチャ…104
fondu　フォンデュ…105
fondue　フォンデュ…105
fonduta　フォンドゥータ…106
frais　フレ…113
française　フランセーズ…109
frappé　フラッペ…108
fresco(〜schi)
　フレスコ (〜キ・複)…114
fricandeau　フリカンドー…111
fricassée　フリカッセ…111
frittata　フリッタータ…111
fritto misto　フリット ミスト…111
fritto(〜tti)
　フリット (〜ティ・複)…111

147

frittura　フリットゥーラ…111
friture　フリテュール…112
froid　フロワ…116
gala dinner　ガラ ディナー…30
galantine　ガランティーヌ…30
galette　ガレット…32
ganache　ガナーシュ…28
garbure　ガルビュール…32
garniture　ガルニテュール…32
gasconne　ガスコーンヌ…27
gastronomie　ガストロノミー…27
gastronomique
　ガストロノミック…27
gauloise　ゴールワーズ…45
gazpacho　ガスパチョ…27
gelato　ジェラート…54
génoise　ジェノワーズ…53
ghiotta　ギオッタ…33
gnocchi　ニョッキ…85
goujonnettes　グージョネット…35
gourmand　グールマン…36
gourmet　グールメ…36
gramolata　グラモラータ…38
grande-mère　グラン・メール…38
gras　グラ…37
gratin　グラタン…37
grecque（または grec）
　グレック…42
grillade　グリヤード…39
gris　グリ…39
grissini　グリッシーニ…39
hors-d'œuvre
　オール・ドゥーブル…23
imbottito　インボッティート…14
imbottito（〜ti）
　インボッティート（〜ティ・複）
　…14
impériale　アンペリヤル…13
insalata　インサラータ…14
involtini　インヴォルティーニ…14
iode　ヨード…136

jardinière　ジャルディニエール…56
jaune　ジョーヌ…59
léger　レジェ…142
lié　リエ…138
lyonnaise　リヨネーズ…140
maison　メゾン…132
manger　マンジェ…127
mangiare　マンジャーレ…128
manière　マニエール…126
marché　マルシェ…127
mare　マーレ…124
Marengo　マレンゴ…127
mariage　マリアージュ…126
marinara　マリナーラ…126
marinière　マリニエール…126
marocain　マロカン…127
matelote　マトロート…126
matière　マティエール…125
mayonnaise　マヨネーズ…126
medium　ミディアム…129
méli-mélo　メリ・メロ…133
ménagère　メナジェール…132
mer　メール…132
mercato　メルカート…133
meunière　ムニエール…131
milanais　ミラネ…130
mille-feuille　ミル・フイユ…130
mimosa　ミモザ…129
minestra　ミネストラ…129
minestrone　ミネストローネ…129
misticanza　ミスティカンツァ…129
misto　ミスト…129
moderne　モデルヌ…134
moitié　モワティエ…134
mollet　モレ…134
mosaïque　モザイク…133
mousse　ムース…130
mousseline　ムースリーヌ…130
nantais　ナンテ…85
Nantua　ナンテュア…85

napolitian ナポリタン…84
navarin ナヴァラン…84
neige ネージュ…86
niçois ニソワ…85
Noël ノエル…86
noir ノワール…87
normande ノルマンド…86
norvégienne
　ノルヴェジェンヌ…86
nouvelle cuisine
　ヌーヴェル キュイジーヌ…85
nuova cucina
　ヌオーヴァ クチーナ…85
œufs brouillés　ウ ブルイエ…17
oignonade(または ognonnade)
　オニョナード…24
omelette　オムレット…24
ordinaire　オルディネール…25
ossobuco　オッソブーコ…23
ouvert　ウヴェール…16
paella　パエージャ…90
paillasson　パイヤソン…89
pain　パン…95
pain de mie　パン ド ミ…95
pain d'épice　パン デピス…95
pain perdu　パン ペルデュ…96
pane　パーネ…89
panettone　パネトーネ…93
panini　パニーニ…92
papillote　パピヨット…93
pappardelle　パッパルデッレ…91
parfum　パルファン…94
parfumé　パルフュメ…94
parisien　パリジャン…93
pasta　パスタ…90
pâté　パテ…91
pâte de fruits
　パート ド フリュイ…89
paupiette　ポーピエット…119
pavé　パヴェ…89
peperonata　ペペロナータ…118

persillade　ペルシヤード…118
pescatora　ペスカトーラ…117
pesto genovese
　ペスト ジェノヴェーゼ…117
petit　プティ…107
piatto　ピアット…96
piccante　ピッカンテ…98
piccata　ピッカータ…98
piccolo(〜li)
　ピッコロ（〜リ）…98
pièce　ピエス…97
pied　ピエ…96
pilaf　ピラフ…100
pirojki　ピロシキ…100
pistou　ピストゥー…98
pithiviers　ピティヴィエ…99
pizza　ピッツァ…99
pizzaiolo　ピッツァイオーロ…99
plat　プラ…108
polenta　ポレンタ…121
porchetta　ポルケッタ…121
potage　ポタージュ…120
pot-au-feu　ポ・ト・フ…120
potée　ポテ…120
premier　プルミエ…113
présenter　プレザンテ…114
printanier　プランタニエ…110
provinçale　プロヴァンサル…115
puttanesca　プッタネスカ…107
quenelle　クネル…37
quiche　キッシュ…33
ragoût　ラグー…136
ragù　ラグー…136
ratatouille　ラタトゥイユ…137
ravigote　ラヴィゴット…136
renversé　ランヴェルセ…138
ribollita　リボッリータ…139
rillettes　リエット…139
risotto　リゾット…139
rosé　ロゼ…144
rôti　ロティ…144

149

rouennaise　ルワネーズ…142
rouge　ルージュ…141
rouille　ルイユ…140
roulade　ルーラード…141
sabayon　サバイヨン…50
Saint-Germain
　サンジェルマン…52
salé　サレ…52
salmis　サルミ…52
salsa　サルサ…51
salsa agrodolce
　サルサ アグロドルチェ…51
salsa bolognese
　サルサ ボロニェーゼ…51
salsa di pomodoro
　サルサ ディ ポモドーロ…51
saltimbocca　サルティンボッカ…52
sauce　ソース…67
sauce Albert
　ソース アルベール…68
sauce allemande
　ソース アルマンド…68
sauce americaine
　ソース アメリケーヌ…68
sauce anglaise
　ソース アングレーズ…68
sauce aurore
　ソース オーロール…68
sauce béarnaise
　ソース ベアルネーズ…69
sauce Béchamel
　ソース ベシャメル…69
sauce Bercy　ソース ベルシー…69
sauce beurre blanc
　ソース ブール・ブラン…69
sauce bordelaise
　ソース ボルドレーズ…69
sauce chsseur
　ソース シャスール…69
sauce espagnole
　ソース エスパニョール…68
sauce grand veneur
　ソース グラン ヴヌール…68

sauce hollandaise
　ソース オランデーズ…68
sauce Mornay
　ソース モルネー…70
sauce mousseline
　ソース ムースリーヌ…70
sauce Périgueux
　ソース ペリグー…69
sauce poivrade
　ソース ポワヴラード…69
sauce suprême
　ソース スュプレーム…69
savoyarde　サヴォヤード…50
sec　セック…65
secco（～cchi）
　セッコ（～キ・複）…65
sèche　セーシュ…65
seiche　セーシュ…64
sformato　スフォルマート…63
Soubise　スービース…60
soupe　スープ…60
souse Robert
　ソース ロベール…70
spaghetti　スパゲッティ…63
taboulé　タブーレ…72
tartare　タルタール…73
tarte　タルト…73
tartelette　タルトレット…74
terrine　テリーヌ…79
thermidor　テルミドール…79
torta　トルタ…82
toulousaine　トゥールーゼーヌ…79
touraigelle
　トゥーランジェーヌ…79
tuile　テュイル…78
umide　ユミッド…135
umido　ウーミド…15
unico（～ci）
　ウニコ（ウニキ・複）…17
unique　ユニーク…135
varié　ヴァリエ…15
velouté　ヴルテー…17
vert　ヴェール…16

vichyssoise　ヴィシソワーズ…15
vinaigrette　ヴィネグレット…15
zabaione　ザバイオーネ…50
zuppa　ズッパ…62

食材

A.O.C.　ア オ セ…4
abats　アバ…7
abattis　アバティ…7
abbacchio　アッバッキオ…6
abricot　アブリコ…8
acciuga　アッチューガ…6
aceto　アチェート…5
aceto balsamico
　アチェート バルサーミコ…6
acqua　アックア…6
agar-agar　アガラガール…4
aglio　アーリオ…4
agneau　アニョー…7
agneau de lait　アニョー ド レ…7
agnello　アニェッロ…7
ail　アイユ…4
aileron　エルロン…22
aiguillette　エギュイエット…18
alloro　アッローロ…6
aloyau　アロワイヨー…11
amande　アマンド…9
amaranth　アマランス…8
amaranthe（または amarante）
　アマラーント…8
amaranthus　アマランサス…8
ananas　アナナ…7
anatra　アナトラ…7
anchois　アンショワ…12
andouille　アンドゥイユ…12
andouillette　アンドゥイエット…12
aneth　アネット…7
angelica　アンゼリカ…12
angélique　アンジェリーク…11

anguille　アンギーユ…11
anis　アニ…7
apricot　アプリコット…8
arachide　アラシド…9
aragosta　アラゴスタ…9
arancia　アランチャ…10
argan　アルガン…10
artichaut　アルティショー…10
artichoke　アーティチョーク…4
asparago　アスパーラゴ…5
asperge　アスペルジュ…5
assaisonnement　アセゾヌマン…5
astice　アスティチェ…5
aubergine　オベルジーヌ…24
avocade　アヴォカード…4
avocat　アヴォカ…4
baccalà　バッカラ…91
bacon　ベーコン…116
banane　バナーヌ…92
banon　バノン…93
bar　バール…89
barbabietola
　バルバビエートラ…94
barbarie　バルバリー…94
barbue　バルビュ…94
barde　バルド…94
basil　バジル…90
basilic　バジリック…90
basilico　バズィーリコ…90
bavette　バヴェット…89
bay leaf　ベイリーフ…116
bécasse　ベカス…116
beet　ビーツ…96
betterave　ベトラーヴ…117
beurre　ブール…103
beurre clarifié
　ブール クラリフィエ…103
beurre maître d'hôtel
　ブール メートル・ドテル…103
beurre manié
　ブール マニエ…103

151

beurre noisette ブール ノワゼット…103
bietola ビエトラ…97
bigarreau ビガロー…97
blackberry ブラックベリー…108
blanc ブラン…109
blé ブレ…114
blé noir ブレ ノワール…115
blette ブレット…114
bleu ブルー…112
bœuf ブフ…107
bottarga ボッタルガ…120
boudin ブーダン…102
bouquet garni ブーケ ガルニ…102
Bresse ブレス…114
brie ブリ…110
brill ブリル…112
broccoli ブロッコリ…115
broccolini ブロッコリーニ…115
broccoletti ブロッコレッティ…115
brodo ブロード…115
burro ブッロ…107
cabillaud カビヨー…29
caciocavallo カチョカヴァッロ…27
café カフェ…29
caille カイユ…26
cajou カジュー…26
calamaro カラマーロ…30
calmar カルマール…32
camembert カマンベール…29
camomille カモミーユ…30
canard カナール…29
caneton カヌトン…29
cannella カンネッラ…33
cannelle カネル…29
cannelloni カンネッローニ…33
capellini カペッリーニ…29
caper ケイパー…44
cappelletti カッペレッティ…28

capperi カッペリ…28
cappone カッポーネ…28
câpre カープル…26
caramel カラメル…30
caraway キャラウェイ…34
carcasse カルカッス…31
carciofi カルチョーフィ…31
cardamom カルダモン…31
cardamome カルダモーム…31
cardo カルド…31
cardon カルドン…31
carota カロータ…32
carotte カロット…32
caroube カルーブ…30
carré カレ…32
carruba カッルーバ…28
carvi カルヴィ…30
cassis カシス…26
cassonade カソナード…27
castagna カスターニャ…26
caviar カヴィヤール…26
caviar キャビア…33
cavolo カーヴォロ…26
cavolo nero カーヴォロ ネッロ…26
cavolo verza カーヴォロ ヴェルツァ…26
ceci チェーチ…74
cedro チェードロ…74
céleri セルリ…67
céleri-rave セルリ・ラーヴ…67
celeriac セルリアック…67
cendré サンドレ…53
cèpe セープ…65
cerfeuil セルフイユ…67
cerise スリーズ…64
cervelle セルヴェル…66
cervello チェルヴェッロ…75
cetriolo チェトリオーロ…75
champignon シャンピニョン…57
chanterelle シャントレル…56

chapeau シャポー…55
chapelure シャプリュール…55
chapon シャポン…55
châtaigne シャテーニュ…55
chateaubriand
　シャトーブリヤン…55
cheddar チェダー…74
chervil チャービル…75
chèvre シェーヴル…53
chevreuil シュヴルイユ…58
chicorée シコレ…54
chive チャイブ…75
chocolat ショコラ…59
chou シュー…57
chou de Bruxelles
　シュー ド ブリュッセル…57
chou de Milan
　シュー ド ミラン…58
chou de Savoie
　シュー ド サヴォア…57
chou frisé シュー フリゼ…58
choucroute シュークルート…57
chou-fleur シュー・フルール…58
chou-rave シュー・ラーヴ…58
chutney チャットニー…75
ciboulette シブレット…55
cicoria チコーリア…75
cima di rapa
　チーマ ディ ラーパ…74
cioccolato チョッコラート…76
cipolla チポッラ…75
cipollina チポッリーナ…75
cipollotto チポッロット…75
citron シトロン…54
citronnelle シトロネル…54
clam クラム…38
kale ケール…44
cochon コション…45
cœur クール…36
coffre コッフル…46
colvert(または col-vert)
　コルヴェール…47

comté コンテ…48
conchiglia コンキッリア…48
conchiglie コンキッリエ…48
concombre コンコンブル…48
condiment コンディマン…48
condimento コンディメント…48
congre コングル…48
coniglio コニッリオ…46
consommé コンソメ…48
coppa コッパ…46
coq コック…46
coquelet コクレ…45
coquillage コキヤージュ…45
corail コライユ…46
coriander コリアンダー…46
coriandre コリヤンドル…47
cornichon コルニション…47
cos lettuse コスレタス…45
costata コスタータ…45
costate コスターテ…45
costoletta コストレッタ…45
côte コート…44
cotechino コテキーノ…46
côtelette コートレット…44
cottage cheese
　カッテージ チーズ…28
cou クー…35
courge クールジュ…36
courgette クールジェット…36
couverture
　クーヴェルテュール…35
crabe クラブ…38
crema クレーマ…41
crème au beurre
　クレーム オ ブール…41
crème Chantilly
　クレーム シャンティイ…41
crème d'amande
　クレーム ダマンド…41
crème double
　クレーム ドゥーブル…42

153

crème patissiere
　クレーム パティシェール…42
crépine　クレピーヌ…42
cresson　クレソン…42
crevette　クルヴェット…40
crottin　クロタン…43
croûton　クルートン…40
crustacés　クリュスタセ…40
cuisse　キュイス…34
cumin　キュマン…34
cuore　クオーレ…36
curcuma　キュルキュマ…35
curry　キュリー…34
D.O.C.　ドック…80
demi-glace　ドゥミ・グラス…79
dent-de-lion
　ダン・ド・リオン…74
détrempe　デトランプ…77
dill　ディル…76
dinde　ダンド…74
dindonneau　ダンドノー…74
dip　ディップ…76
daurade　ドラード…81
dorada　ドラード…81
dough　ドウ…80
duxelles　デュクセル…78
eau　オー…22
échalote　エシャロット…19
écrevisse　エクルヴィス…19
edam　エダム…20
élevage　エルヴァージュ…22
emmental　エメンタル…21
endive　アンディーヴ…12
entrecôte　アントルコート…12
épaule　エポール…21
eperlan　エペルラン…21
épice　エピス…20
épi de maïs　エピ ド マイス…20
épinard　エピナール…20
epoisses　エポワス…21
erba　エルバ…22

erbe　エルベ…22
escargot　エスカルゴ…19
estragon　エストラゴン…19
extra virgin olive oil
　エクストラ ヴァージン オリーブ オイル…18
fagioli　ファジョーリ…100
faisan　フザン…106
farina　ファリーナ…100
farine　ファリーヌ…100
farro　ファッロ…100
fava　ファーヴァ…100
fecule　フェキュール…104
fegato　フェガト…104
fennel　フェンネル…104
fenouil　フヌイユ…107
fenugrec　フェヌグレーク…104
fettuccine
　フェットゥッチーネ…104
feuilletage　フイユタージュ…102
fève　フェーヴ…104
figue　フィーグ…101
filet　フィレ…101
filetto　フィレット…102
fin　ファン…101
fines herbes　フィーヌ ゼルブ…101
finocchio　フィノッキオ…101
flageolet　フラジョレ…108
flanchet　フランシェ…109
fleur　フルール…113
fleur de sel　フルール ド セル…113
foie　フォワ…105
foie gras　フォワグラ…105
fond　フォン…105
fond blanc　フォン ブラン…106
fond brun　フォン ブラン…106
fond de veau
　フォン ド ヴォー…105
fond de volaille
　フォン ド ヴォライユ…105
fondo　フォンド…105

fondo bruno
　フォンド ブルーノ…105
formaggio　フォルマッジォ…104
fourme d'Ambert
　フルム ダンベール…113
fragola　フラーゴラ…108
fraise　フレーズ…114
fraises des bois
　フレーズ デ ボワ…114
framboise　フランボワーズ…110
frangipane　フランジパーヌ…109
frisé　フリゼ…111
fromage　フロマージュ…116
fromage blanc
　フロマージュ ブラン…116
fruit　フリュイ…112
frutta　フルッタ…113
frutto　フルット…113
fumet　フュメ…107
funghi　フンギ…116
fusilli　フズィッリ…106
gamberi　ガンベリ…33
garbanzo　ガルバンソ…32
gelatina　ジェラティーナ…54
gélatine　ジェラティーヌ…54
genièvre　ジュニエーヴル…58
gésier　ジェジェ…53
gianduja　ジャンドゥージャ…56
gibier　ジビエ…55
gigot　ジゴ…54
gingembre　ジャンジャンブル…56
girofle　ジロフル…59
girolle　ジロール…59
gombo　ゴンボ…49
gorge　ゴルジュ…47
gorgonzola　ゴルゴンゾーラ…47
gouda　グーダ…35
graisse　グレース…41
graisse d'oie　グレース・ドワ…41
grana padano
　グラーナ パダーノ…37

grano saraceno
　グラーノ サラチェーノ…37
granturco　グラントゥルコ…38
grenadine　グルナディーヌ…40
grenadine　グレナディン…42
grenouille　グルヌイユ…40
griotte　グリヨット…40
gros sel　グロ セル…42
groseille　グロゼイユ…43
gruyère　グリュイエール…39
hareng　アラン…10
haricots　アリコ…10
haricots verts
　アリコ ヴェール…10
harissa　アリッサ…10
herbes　エルブ…22
herbes de Provence
　エルブ・ド・プロバンス…22
homard　オマール…24
horse radish
　ホース ラディッシュ…143
huile　ユイル…135
huile d'olive vierge extra
　ユイル ドリーヴ ヴィエルジュ エ
　クストラ…135
huile noitée　ユイル ノワテ…135
huitre　ユイットル…135
iberico　イベリコ…13
jambon　ジャンボン…57
jarret　ジャレ…56
joue　ジュー…57
ketchup　ケチャップ…44
kohlrabi　コールラビ…45
lait　レ…142
laitue　レテュ…143
langouste　ラングースト…138
langoustine
　ラングスティーヌ…138
langue　ラング…138
lapereau　ラプロー…137
lapin　ラパン…137
lard　ラール…136

lardo　ラルド…137
lardon　ラルドン…138
lasagne　ラザーニェ…136
latte　ラッテ…137
lattuga　ラットゥーガ…137
laurel　ローレル…143
laurier　ローリエ…143
leek　リーキ…138
légume　レギューム…142
lenticchie　レンティッキエ…143
lentille　ランティーユ…138
lepre　レーブレ…142
levian　ルヴァン…141
lièvre　リエーヴル…138
limande　リマンド…140
limone　リモーネ…140
lingua　リングア…140
lotte　ロット…144
maccheroni　マッケローニ…125
mace　メース…132
mâche　マーシュ…124
macis　マシ…124
magret　マグレ…124
maiale　マイアーレ…124
maïs　マイス…124
mandarine　マンダリーヌ…128
mandorla　マンドルラ…128
mange-tout　マンジュ・トゥ…128
mangue　マング…127
manzo　マンゾ…128
maquereau　マクロー…124
marcassin　マルカッサン…126
marjolaine　マルジョレーヌ…127
marjoram　マジョラム…124
marmelade　マルムラード…127
maroilles　マロワール…127
marron　マロン…127
mascarpone　マスカルポーネ…125
melanzane　メランザーネ…132
mélisse　メリース…133

melon　ムロン…132
menta　メンタ…133
menthe　マント…128
meringue　ムラング…132
merlu　メルリュ…133
merluzzo　メルルッツォ…133
mesclun　メスクラン…132
mie de pain　ミ ド パン…129
miel　ミエル…128
mignonnette　ミニョネット…129
mimolette　ミモレット…129
mirabelle　ミラベル…130
moelle　モワル…134
morille　モリーユ…134
mortadella　モルタデッラ…134
morue　モリュ…134
mostarda　モスタルダ…133
moule　ムール…131
moussaka　ムサカ…131
mousseron　ムースロン…131
moutarde　ムータルド…131
moutarde de Meaux
　ムータルド ド モー…131
mozzarella　モッツァレッラ…133
mulet　ミュレ…130
mûre　ミュール…129
muscade　ミュスカード…130
myrtille　ミルティーユ…130
nappage　ナパージュ…84
navel　ネーヴル…86
navet　ナヴェ…84
navette　ナヴェット…84
nectarine　ネクタリーヌ…86
nocciola　ノッチョーラ…86
noisette　ノワゼット…87
noix　ノワ…87
noix de coco　ノワ ド ココ…87
nouille　ヌイユ…85
nutmeg　ナツメグ…84
œuf　ウフ…17

156

œuf mollet　ウフ モレ…17
oie　オワ…25
oignon　オニョン…24
oignonade（または ognonnade）
　オニョナード…23
olio　オーリオ…23
olio extravergine d'oliva
　オーリオ エクストラヴェルジネ
　ドリーヴァ…23
oliva　オリーヴァ…24
olive　オリーヴ…24
omble　オンブル…25
omble-chevalier
　オンブル・シュヴァリエ…25
onglet　オングレ…25
orange　オランジュ…24
orata　オラータ…25
oregano　オレガノ…25
oreille　オレイユ…25
origan　オリガン…24
origano　オリーガノ…24
oseille　オゼイユ…23
oursin　ウルサン…18
pamplemousse
　パンプルムース…96
panais　パネ…92
pancetta　パンチェッタ…95
panna　パンナ…96
papaye　パパユ…93
paprika　パプリカ…93
parmesan　パルメザン…94
parmigiano　パルミジァーノ…94
parsley　パースレー…88
parsnip　パースニップ…88
passata　パッサータ…91
patata　パタータ…91
patate douce
　パタート ドゥース…91
pâte　パート…88
pâte à bombe　パータ ボンブ…88
pâte à brik　パータ ブリック…88
pâte à choux　パータ シュー…88

pâte à filo　パータ フィロ…88
pâte à foncer　パータ フォンセ…88
pâte à glacer　パータ グラッセ…88
pâte brisée　パート ブリゼ…89
pâte sucrée　パート シュクレ…88
pêche　ペーシュ…116
pecorino　ペコリーノ…116
pelato　ペラート…118
penne　ペンネ…119
peperoncino　ペペロンチーノ…118
peperone　ペペローネ…118
perdreau　ペルドロ…119
perdrix　ペルドリ…118
Pernod　ペルノー…119
persil　ペルシ…118
persil plat　ペルシ プラ…118
pesca　ペスカ…117
pesce　ペッシェ…117
petit salé　プティ サレ…107
petit-lait　プティ・レ…107
petits pois　プティ ポワ…107
piccione　ピッチォーネ…98
picodon　ピコドン…97
pickles　ピクルス…97
pied-bleu　ピエ・ブルー…97
pigeon　ピジョン…97
pignon　ピニョン…99
piment　ピマン…99
pintade　パンタード…95
pintadeau　パンタドー…95
piselli　ピセッリ…98
pistache　ピスターシュ…98
plat de côte　プラ ド コート…108
pleurote　プルロット…113
poire　ポワール…122
poireau　ポワロー…123
pois chiche　ポワ シッシュ…122
poisson　ポワソン…122
poitrine　ポワトリーヌ…122
poitrine fumée
　ポワトリーヌ フュメ…122

poivre　ポワーヴル…121

poivre rose　ポワーヴル ローズ…122

poivre vert　ポワーヴル ヴェール…122

poivron　ポワヴロン…122

pollo　ポッロ…120

polpo　ポルポ…121

pomme　ポム…120

pomme de terre　ポム ド テール…121

pomodoro　ポモドーロ…121

pont-l'Évêque　ポン・レヴェック…123

porc　ポール…119

porcini　ポルチーニ…121

porco　ポルコ…121

porro　ポッロ…120

potiron　ポティロン…120

poudre　プードル…102

poudre à crème　プードル ア クレーム…102

poularde　プーラルド…103

poule　プール…103

poulet　プーレ…103

poulet noir　プーレ ノワール…103

pourpier　プールピエ…103

poussin　プーサン…102

pré-salé　プレ・サレ…114

preserve　プレザーブ…114

prezzemolo　プレッツェモーロ…114

prosciutto　プロシュット…115

provolone　プロヴォローネ…115

prune　プリュヌ…112

puntarella　プンタレッラ…116

purée　ピュレ…100

quaglia　クアッリア…35

quatre-épices　カトレピス…28

queue　クー…35

quinoa　キヌア…33

râble　ラーブル…136

raclette　ラクレット…136

radicchio　ラディッキォ…137

radis　ラディ…137

raie　レ…142

raifort　レフォール…143

raisin　レザン…142

rana　ラーナ…136

rapa　ラーパ…136

rapini　ラピーニ…137

rascasse　ラスカス…137

rave　ラーヴ…136

ravioli　ラヴィオリ…136

reblochon　ルブロション…141

rhubarbe　リュバルブ…140

ricotta　リコッタ…139

rigatoni　リガトーニ…139

ris　リ…138

riso　リーソ…138

riz　リ…138

riz sauvage　リ ヴァージュ…139

rognon　ロニョン…144

rognone　ロニョーネ…144

rognonnade　ロニョナード…144

romaine lettuce　ロメイン レタス…145

romarin　ロマラン…145

rombo　ロンボ…145

roquefort　ロクフォール…143

roquette　ロケット…143

rosemary　ローズマリー…143

rôtie　ロティ…144

rouget　ルージェ…140

ruchetta　ルケッタ…141

rucola　ルーコラ…140

rughetta　ルゲッタ…141

rutabaga　リュタバガ…140

rye　ライ…136

safran　サフラン…50

sage　セージ…64

sainte-maure　サント・モール…53

Saint-Jacques　サンジャック…53
saint-pierre　サン・ピエール…53
salade　サラド…51
salami　サラーミ…50
sale　サーレ…50
salsiccia　サルシッチャ…51
salsifis　サルシフィ…51
salumi　サルーミ…51
salvia　サルヴィア…51
sang　サン…52
sanguine　サンギーヌ…52
sarcelle　サルセル…52
sardine　サルディーヌ…52
sarrasin　サラザン…51
sarriette　サリエット…51
saucisse　ソーシス…67
saucisson　ソーシソン…67
sauer kraut　ザウアークラウト…50
sauge　ソージュ…67
saumon　ソーモン…70
saumure　ソミュール…71
sauvage　ソヴァージュ…67
scamorza　スカモルツァ…60
scampi　スカンピ…60
scarole　スカロール…60
scorsonère　スコルソネール…61
scorzonera　スコルツォネーラ…61
sébaste　セバスト…66
sedano　セダノ…65
seigle　セーグル…64
sel　セル…66
selle　セル…66
selvatico（〜ci）
　セルヴァーティコ（〜キ・複）
　…66
semola　セーモラ…65
semolina　セモリーナ…66
semoule　スムール…64
seppia　セッピア…65
sésame　セザーム…65
soja　ソジャ…70

sole　ソール…70
sot-l'y-laisse　ソ・リ・レス…71
spigola　スピーゴラ…63
spinaci　スピナーチ…63
sprout　スプラウト…64
stilton　スティルトン…62
stinco　スティンコ…62
stoccafisso　ストッカフィッソ…62
strutto　ストルット…62
sucre　シュクル…58
sucre filé　シュクル フィレ…58
suprême　スュプレーム…64
tagliatelle　タリアテッレ…73
tagliatini　タリアティーニ…73
taglierini　タリエリーニ…73
tagliolini　タリオリーニ…73
taleggio　タレッジオ…73
tant-pour-tant
　タン・プール・タン…74
tapenade　タプナード…72
tarragon　タラゴン…73
tartufo　タルトゥーフォ…73
tenderloin　テンダーロイン…79
tendron　タンドロン…74
tête　テート…76
thé　テ…76
thon　トン…83
thym　タン…74
tisane　ティザーヌ…76
tomate　トマト…80
tomate cerise
　トマト スリーズ…81
tomates concentrées
　トマト コンサントレ…81
tomatille　トマティーユ…80
tomatillo　トマティーヨ…80
tonno　トンノ…83
topinambour　トピナンブール…81
tourte　トゥルト…80
tourteau　トゥルト…80
tranche　トランシェ…81

159

trehalose トレハロース…82
trévise トレヴィーズ…82
trimorine トリモリーヌ…81
tripe トリップ…81
trippa トリッパ…81
trompette-des-morts
　トロンペット デ モール…83
trota トロータ…82
truffe トリュフ…82
truite トリュイット…82
turbot テュルボ…78
turmeric ターメリック…72
uovo ウオーヴォ…17
uva ウーヴァ…15
vacherin mont-d'or
　ヴァシュラン モン・ドール…14
valençay ヴァランセ…14
vanille ヴァニーユ…14
veau ヴォー…17
verdura ヴェルドゥーラ…16
vergeoise ヴェルジョワーズ…16
verjus ヴェルジュ…16
vermicelle ヴェルミセル…16
vermicelli ヴァーミセリ…14
vermicelli ヴェルミチェッリ…16
verveine ヴェルヴェーヌ…16
vessie ヴェッシー…16
viande ヴィヤンド…15
vinaigre ヴィネーグル…15
vitello ヴィテッロ…15
volaille ヴォライユ…17
volatile ヴォラーティレ…17
vongole ヴォンゴレ…17
yaourt ヤウールト…135
York hum ヨークハム…135
young corn ヤング コーン…135
zafferano ザッフェラーノ…50
zampone ザンポーネ…53
zeste ゼスト…65
zucca ズッカ…61
zucchero ズッケロ…62

zucchini ズッキーニ…61

技 法

à blanc ア ブラン…8
abaisser アベセ…8
affumicata（〜te）
　アッフミカータ（〜テ・複）…6
aiguillette エギュイエット…18
ajouter アジュテー…5
al dente アル デンテ…10
al forno アル フォルノ…11
allumette アリュメット…10
appareil アパレイユ…8
arroser アロゼ…11
arrostire アッロスティーレ…7
arrostita（〜te）
　アッロスティータ（〜テ・複）…6
arrosto アッロースト…6
assaisonner アセゾネ…5
barder バルデ…94
bâtonnet バトネ…92
battitura バッティトゥーラ…92
battre バットル…92
baumé ボーメ…119
blanchir ブランシール…109
bouilli ブイイ…101
braisage ブレザージュ…114
braiser ブレゼ…114
brasare ブラザーレ…108
brasato（〜ti）
　ブラザート（〜ティ・複）…108
brider ブリデ…111
brunoise ブリュノワーズ…112
caraméiser カラメリゼ…30
chambrer シャンブレ…57
chateau シャトー…55
chauffer ショーフェ…59
chemiser シュミゼ…58
chiffonnade シフォナード…55

ciseler シズレ…54
citronner シトロネ…54
clarifier クラリフィエ…38
clouter クルーテ…40
coller コレ…47
colorer コロレ…47
composition コンポジション…49
compote コンポート…49
concasser コンカッセ…48
concentré コンサントレ…48
condimenter コンディマンテ…48
confit コンフィ…49
congeler コンジュレ…48
copeau コポー…46
coulis クーリ…36
couper クーペ…35
court-bouillon
　クール・ブイヨン…36
crémer クレメ…42
cuillerée キュイユレ…34
cuire キュイール…34
cuisson キュイソン…34
cuit キュイ…34
dé デ…76
décorer デコレ…77
découpage デクパージュ…77
découper デクーペ…77
déglaçage デグラサージュ…77
déglacer デグラッセ…77
dégorger デゴルジェ…77
dégraisser デグレッセ…77
dénerver デネルヴェ…78
dépouiller デプイエ…78
désosser デゾッセ…77
dorer ドレ…82
doresser ドレッセ…82
ébarber エバルベ…20
ébouillanter エブイヤンテ…20
écailler エカイエ…18
écrasé エクラゼ…19

écumer エキュメ…18
effiler エフィレ…20
égoutter エグテ…18
émincé エマンセ…21
émincer エマンセ…21
émulsionné エミュルショネ…21
émulsionner
　エミュルショネ…21
enrober アンロベ…13
enveloppe アンヴロップ…11
envelopper アンヴロッペ…11
éplucher エプリュシェ…21
éponger エポンジェ…21
escalope エスカロップ…19
étouffée エトゥフェ…20
étouffer エトゥフェ…20
étuvée エテュヴェ…20
étuver エテュヴェ…20
éventail エヴァンタイユ…18
évider エヴィデ…18
faisandage フザンダージュ…106
farce ファルス…101
farci ファルシ…100
fariner ファリネ…100
feuilleté フイユテ…102
ficeler フィスレ…101
flamber フランベ…110
foncer フォンセ…105
fontaine フォンテーヌ…105
fouette フエッテ…104
friggere フリッジェレ…111
frire フリール…111
frit フリ…110
fumé フュメ…107
gastrique ガストリック…26
gélatiner ジェラティネ…54
glaçage グラサージュ…37
glace グラス…37
glace de viande
　グラス・ド・ヴィヤンド…37
glacer グラッセ…38

161

graisser　グレセ…42
gratiner　グラティネ…38
grillé　グリエ…39
griller　グリエ…39
haché　アシェ…5
hacher　アシェ…5
hachis　アシ…5
huiler　ユイレ…135
imbiber　アンビベ…13
infuser　アンフュゼ…13
infusion　アンフュジョン…13
julienne　ジュリエンヌ…59
jus　ジュ…57
juste cuit　ジュスト キュイ…58
larder　ラルデ…137
lessare　レッサーレ…142
lever　ルヴェ…141
liaison　リエゾン…138
lier　リエ…138
macédoine　マセドワーヌ…125
macérer　マセレ…125
manié　マニエ…126
mantecare　マンテカーレ…128
marinade　マリナード…126
marinata　マリナータ…126
mariner　マリネ…126
masquer　マスケ…125
matignon　マティニョン…125
médaillon　メダイヨン…132
mélanger　メランジェ…133
mi cuit　ミ キュイ…128
mijoter　ミジョテ…128
mirepoix　ミルポワ…130
mise en place
　ミーザン プラス…128
monder　モンデ…134
monter　モンテ…134
morceau　モルソー…134
mouillement　ムイユマン…131
mouiller　ムイエ…131

nage　ナージュ…84
napper　ナッペ…84
paille　パイユ…89
panaché　パナシェ…92
panade　パナード…92
paner　パネ…92
passer　パッセ…92
paysanne　ペイザンヌ…116
persiller　ペルシエ…118
piqué　ピケ…97
piquer　ピケ…97
pocher　ポシェ…119
poêler　ポワレ…122
pont-neuf　ポン・ヌフ…123
presser　プレッセ…114
poncher　ポンシェ…123
quartier　カルティエ…31
raidir　レディール…142
râper　ラペ…137
réduction　レデュクション…143
réduire　レデュイール…143
reposer　ルポゼ…142
revenir　ルヴニール…141
rissoler　リソレ…139
rondelle　ロンデル…145
rôti　ロティ…144
rôtie　ロティ…144
rôtir　ロティール…144
rouler　ルレ…142
roux　ルー…140
saignant　セニャン…66
saisir　セジール…65
salpicon　サルピコン…52
sauté　ソーテ…70
sauter　ソーテ…70
scaloppina　スカロッピーナ…60
sécher　セシェ…65
séparer　セパレ…66
singer　サンジェ…52
soffritto　ソッフリット…71

sottolio(または sott'olio)
　ソットーリオ…71
soufflé　スフレ…64
sous-vide　スー・ヴィッド…60
sponge　スポンジ…64
spread　スプレッド…64
spuma　スプーマ…63
stracotto　ストラコット…62
stufato　ストゥファート…62
suc　シュク…58
suer　スュエ…64
sugo　スーゴ…60
sugo di carne
　スーゴ ディ カルネ…60
tailler　タイエ…72
tamiser　タミゼ…72
tiède　ティエド…76
tomber　トンベ…83
tourner　トゥルネ…80
tronçon　トロンソン…82
vapeur　ヴァプール…14
verser　ヴェルセ…16
vider　ヴィデ…15
vinaigrer　ヴィネグレ…15
well-done　ウェル・ダン…16
zester　ゼステ…65

酒・飲料

amaretto　アマレット…9
apéritif　アペリティフ…8
appetizer　アペタイザー…8
armagnac　アルマニャック…11
banyuls　バニュルス…92
beverage　ビバレッジ…99
bière　ビエール…97
boisson　ボワソン…122
calvados　カルヴァドス…30
champagne　シャンパーニュ…57
chartreuse　シャルトリューズ…56
cidre　シードル…53
cognac　コニャック…46
Cointreau　コワントロー…47
crème　クレーム…41
curaçao　キュラソー…34
digestif　ディジェスティフ…76
eau-de-vie　オー・ド・ヴィ…22
gin　ジン…59
Grand Marnier
　グラン・マルニエ…38
jerez　ジェレーズ…54
kirsch　キルシュ…35
liqueur　リクール…139
madère　マデール…125
marasquin　マラスカン…126
marc　マール…124
marsala　マルサーラ…127
muscadet　ミュスカデ…130
muscat　ミュスカ…129
Noilly　ノワイー…87
pastis　パスティス…90
porto　ポルト…121
rhum　ローム…145
sangria　サングリア…52
sauternes　ソーテルヌ…70
sherry　シェリー…54
sparkling wine
　スパークリング ワイン…63
spumante　スプマンテ…63
vermouth　ヴェルムート…17
vin　ヴァン…15
vin-mousseux　ヴァン・ムスー…15
xérès　ケレス…44

菓子

avant dessert
　アヴァン デセール…4
biscotte　ビスコット…98
biscotti　ビスコッティ…98

biscuit　ビスキュイ…97
blanc-mange　ブラン・マンジェ…110
bombe　ボンブ…123
brioche　ブリオシュ…111
bûche de Noël　ビュッシュ ド ノエル…99
charlotte　シャルロット…56
clafoutis　クラフティ…38
crème caramel　クレーム カラメル…41
croquembouche　クロカンブーシュ…43
entremets　アントルメ…12
feuillantine　フイヤンティーヌ…102
filling　フィリング…101
flan　フラン…109
fondant　フォンダン…105
gâteau　ガトー…28
gaufre　ゴーフル…44
gaufrette　ゴーフレット…44
granité　グラニテ…38
île flottante　イル フロッタント…13
macaron　マカロン…124
maccedonia　マチェドーニア…125
madeleine　マドレーヌ…125
massepain　マスパン…125
mignardises　ミニャルディーズ…129
mille-feuille　ミル・フイユ…130
mont-blanc　モン・ブラン…134
nougat　ヌガー…86
nougatine　ヌガティーヌ…86
œufs à la neige　ウ ア ラ ネージュ…14
parfait　パルフェ…94
pâte d'amande　パート・ダマンド…88
pavé　パヴェ…89
petit four　プティ フール…107
pièce montée　ピエス モンテ…97
praliné　プラリネ…109
profiterole　プロフィトロール…115
pudding　プディング…107
sablé　サブレ…50
savarin　サヴァラン…50
semifreddo　セミフレッド…66
sorbet　ソルベ…71
tarte　タルト…73
tarte Tatin　タルト タタン…73
tartelette　タルトレット…73
tiramisu　ティラミス…76
torta　トルタ…82
viennoiserie　ヴィエノワズリー…15
zuccotto　ズッコット…62

店・道具

à la carte　ア ラ カルト…9
à la minute　ア ラ ミニュート…9
à la mode　ア ラ モード…9
à la mode de　ア ラ モード ド…9
aiguille　エギュイユ…18
aperto　アペルト…8
apprenti　アプランティ…8
assiette　アシエット…5
auberge　オベルジュ…24
bain-marie　バン・マリー…96
bamix　バミックス…93
banquet　バンケ…95
banquet　バンケット…95
bassin　バサン…90
bistro（または bistrot）　ビストロ…98
bocal　ボカール…119
Bon appétit　ボナペティ…120
boulangerie　ブーランジェリー…103
brasserie　ブラッスリー…108

brigade　ブリガード…111
brunch　ブランチ…110
buffet　ビュフェ…99
Buon appetito
　ブオナペティート…106
cameriere　カメリエーレ…29
cantina　カンティーナ…33
carafe　カラフ…30
carte　カルト…31
casserole　カスロール…27
cave　カーヴ…26
cercle　セルクル…67
chambre　シャンブル…57
charcuterie　シャルキュトリー…56
charcutier　シャルキュティエ…55
chariot　シャリヨ…55
chef　シェフ…53
chef de partie
　シェフ・ド・パルティ…54
chef de rang
　シェフ・ド・ラン…54
chinois　シノワ…55
chiuso　キウーソ…33
cloche　クロシュ…43
cocotte　ココット…45
coltello　コルテッロ…47
commis　コミ…46
complet　コンプレ…49
convection oven
　コンベクション オーヴン…49
corne　コルヌ…47
cornet　コルネ…47
coupe　クープ…35
couteau　クトー…36
couteau de chef
　クトー ド シェフ…36
couteau d'office
　クトー ドフィス…37
couvercle　クーヴェルクル…35
couvert　クーヴェール…35
cucina　クチーナ…36

cuiller（または cuillère）
　キュイエール…34
cuisine　キュイジーヌ…34
cuisinier　キュイジニエ…34
cuoco　クオーコ…36
cutlery　カトラリー…28
dégustation　デギュスタシヨン…77
déjeuner　デジュネ…77
delicatessen　デリカテッセン…78
demitasse　デミタス…78
dîner　ディネ…76
dumbwaiter　ダムウェイター…72
économe　エコノム…19
écumoire　エキュモワール…18
enoteca　エノテーカ…20
entremétier　アントルメティエ…13
éponge　エポンジュ…21
fermé　フェルメ…104
feu　フー…102
food processor
　フード プロセッサー…102
forno　フォルノ…104
fouet　フエ…104
fourchette　フールシェット…103
fourneau　フールノー…103
French-top　フレンチ・トップ…115
frigo　フリゴ…111
fuoco　フオーコ…106
garbage　ガービジ…26
garçon　ガルソン…31
garde-manger
　ガルド・マンジェ…31
grease trap　グリース トラップ…39
griglia　グリッリア…39
gril　グリル…40
grille-pain　グリーユ・パン…39
grotta　グロッタ…43
guéridon　ゲリドン…44
hôtel　オテル…23
hotel pan　ホテル パン…120
huilier　ユイリエ…135

165

knife　ナイフ…84
knife rest　ナイフ レスト…84
ladle　レードル…142
linen　リネン…139
livre　リーヴル…138
locanda　ロカンダ…143
louche　ルーシュ…140
M.O.F.　エム オ エフ…22
main dinning room
　メイン ダイニング ルーム…132
maître　メートル…132
maître d'hôtel
　メートル・ドテル…132
mandoline　マンドリーヌ…128
marbre　マルブル…127
marmite　マルミット…127
maryse　マリーズ…126
menu　ムニュ…131
molle　モッレ…134
moule　ムール①…131
moulin　ムーラン…131
napkin　ナプキン…84
nappe　ナップ…84
osteria　オステーリア…23
oval　オーヴァル…22
pacojet　パコジェット…90
palette knife　パレット ナイフ…95
pan　パン…95
panier　パニエ…92
pantry　パントリー…96
passoire　パソワール…91
pasticceria
　パスティッチェリーア…90
pâtisserie　パティスリー…91
pâtissier　パティシエ…91
peeler　ピーラー…96
petit déjeuner
　プティ デジュネ…107
pétrin　ペトラン…117
piano　ピアノ…96
pince　パンス…95

pinceau　パンソー…95
planche　プランシュ…109
plaque　プラック…108
plat　プラ…108
plat du jour
　プラ ド ジュール…109
plateau　プラトー…108
plonge　プロンジュ…116
poche　ポシュ…119
poêle　ポワル…122
poissonnier　ポワソニエ…122
poissonnière　ポワソニエール…122
portion　ポーション…119
primo piatto
　プリーモ ピアット…110
prix　プリ…110
prix fixe　プリ フィクス…112
pyrex　パイレックス…89
râpe　ラープ…136
recette　ルセット…141
recipe　レシピ…142
ricetta　リチェッタ…139
ristorante　リストランテ…139
robot-coupe　ロボ・クープ…145
rôtisserie　ロティスリー…144
salamandre　サラマンドル…51
saucier　ソーシエ…67
sauteuse　ソートゥーズ…70
sautoir　ソートワール…70
secondo piatto
　セコンド ピアット…65
service　セルヴィス…66
setviette　セルヴィエット…66
silpat　シルパット…59
silver　シルバー…59
siphon　スィフォン…60
skimmer　スキマー…61
sommelier　ソムリエ…71
soupière　スーピエール…60
sous-chef　スー・シェフ…60
spatula　スパチュラ…63

spatule　スパテュール…63
spécialité　スペシャリテ…64
stagiaire　スタジエール…61
steam convection oven
　スチーム コンベクション オーヴン…61
stove　ストーヴ…62
table　ターブル…72
tablier　タブリエ…72
tajine　タジーヌ…72
tamis　タミ…72
tarif　タリフ…73
tasse　タス…72
taverna　タヴェルナ…72
timbale　タンバル…74
tongs　トング…83
toque　トック…80
torchon　トルション…82
traiteur　トレトゥール…82
trattoria　トラットリーア…80
turner　ターナー…72
vacuvin　ヴァキュヴァン…14
verre　ヴェール…16
vintage　ヴィンテージ…15

人名

Escoffier　エスコフィエ…19
Colbert　コルベール…47
Demidof　ドゥミドフ…79
Dugléré　デュグレレ…78
Melba　メルバ…133
Nignon　ニニョン…85
Rossini　ロッシーニ…144
Shalyapin　シャリアピン…55
Stroganoff　ストロガノフ…62

本書は「月刊専門料理2001年2月号」「2006年4月号」の付録としてつけられた「ポケット調理用語1000　フランス料理・イタリア料理編」を基礎に、語数を1600余に大幅拡大したうえで索引をつけ、さらに使いやすい丈夫な造りに改めたものです。

　そもそもこの本が生まれた発端は、外国料理の専門用語を手軽に調べる用語集がほしい、という現場の声にありました。当時の西洋料理調理用語辞典は、外国語を学ぶことを念頭においたアルファベット順のものしかなく、つづりがわからないと引けませんでした。しかし海外で修業するならいざしらず、日本の料理店で働く新人にとって知りたいのは、現実に今働く調理場で飛び交っているシェフや先輩たちの発する言葉であり、料理雑誌や単行本に載っているカタカナの羅列の意味なのです。

　またあらゆる国の料理を吸収し続けてきた日本の料理界では、フランス語、イタリア語、英語などいろいろな言葉に起源をおく専門用語が使われています。食材においては、輸入した国の名前がそのまま使われるだけでなく、日本で命名されたカタカナ名もあります。それらを調べるにはいちいちどの国の言葉か見当をつけたうえで、つづりを想像し、各国の辞典にあたらねばなりません。

　そこで、日本の調理現場で実際に使われているであろうカタカナ語を、国を問わず収録したものが、この本です。座右に置いて、「さきほどのシェフの言葉はどんな意味だろう」「この本に書かれているこの単語は、どんな調理法なのだろう」「今度のメニューにのせるあの素材は、どんなつづりだったろうか」といった、ちょっとした疑問がわいたときにページをめくってもらうのが、編集者の願いです。

デザイン・田島浩行
編集・高松幸治
校正・舟山次雄

おもな参考図書

「仏英和料理用語辞典」(3訂版・改訂新版) 白水社
「仏和和仏料理フランス語辞典」白水社
「イタリア料理用語辞典」白水社
「フランス　食の事典」白水社
「標準フランス料理」白水社
「新訂フランス料理基本用語」大修館書店
「フランス料理仏和辞典」三洋出版貿易
「世界の料理　イタリア料理」タイムライフブックス
「フランス食肉事典」三嶺書房
「フランス輸入食品カタログ NO1〜NO4」フランス食品振興会
「AOCのチーズたち」フェルミエ
「チーズで巡るイタリアの旅」駿台曜曜社
「チーズ図鑑」文芸春秋
「イタリア野菜のＡＢＣ」小学館
「基礎フランス料理教本」柴田書店
「イタリア料理教本 上下巻」柴田書店
「スグに役立つ料理のフランス語」柴田書店
「スグに役立つ料理のイタリア語」柴田書店
「改訂最新ホテル用語辞典」柴田書店
「使える製菓のフランス語辞典」柴田書店
「カラー版世界食材事典」柴田書店
「野菜のイタリア料理」柴田書店
「月刊専門料理」柴田書店
「Larousse gastronomique」
「le repertoire de la cuisine」
「les bases de la cuisine」

カタカナで引く
西洋料理単語帳

初版印刷　2010年6月1日
初版発行　2010年6月15日
編集©／株式会社柴田書店
発行者／土肥大介
発行所／株式会社柴田書店
　　　　〒113-8477　東京都文京区湯島3-26-9
　　　　　　　　　　イヤサカビル
書籍編集部／03-5816-8260
営業部／03-5816-8282
ホームページ／http://www.shibatashoten.co.jp
印刷／藤原印刷株式会社
製本／大口製本印刷株式会社
ISBN 978-4-388-06077-1

本書収録内容の無断転載・複写（コピー）・引用・データ配信
などの行為は固く禁じます。乱丁、落丁はお取替えいたします。
Printed in Japan